사는 게 귀찮다고 죽을 수는 없잖아요?

사는 게
귀찮다고
죽을 수는
없잖아요?

젠 신체로 지음 | 박선령 옮김

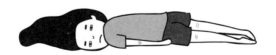

아무리 노력해도 항상 제자리걸음인
사람들을 위한 성공처방전

흥익출판사

당신이 서 있는 그곳을 깊이 파고들어라.

샘은 바로 거기에 있다.

자기 삶에 딱 맞는 무엇이 지금 여기가 아닌 아주 먼 곳에,

가령 아직 한 번도 가보지 못한

이국땅 어딘가에 있다고 믿는 사람들이 너무도 많다.

결코 그렇지 않다.

지금까지 한 번도 시선을 두지 않았던 발아래에

당신이 추구하는 것,

당신에게 주어진 많은 보물들이 잠들어 있다.

_프리드리히 니체 Friedrich Nietzsche

Contents

프롤로그 8

━━━

PART 1 나는 어쩌다 이런 상황에 놓이게 되었을까?

CHAPTER 01　나는 도대체 뭐가 문제일까?　14

CHAPTER 02　내가 원하는 나를 얻는 법　25

CHAPTER 03　나는 단지 나 자신일 뿐이다　34

CHAPTER 04　자신을 사랑하는 사람들의 공통점　41

━━━

PART 2 있는 그대로의 나로 충분한 이유

CHAPTER 05　왜 스스로를 의심하면서 여기저기 기웃거리는가?　56

CHAPTER 06　생각은 그만하고 행동을 시작하라　63

CHAPTER 07　다른 누구도 아닌 나 자신으로 살아야 한다　72

CHAPTER 08　보이지 않는 것을 믿기 시작하면　80

━━━

PART 3 내 삶의 금맥은 어디에 있는가?

CHAPTER 09　젊은 날의 자신과 이별하지 마라　90

CHAPTER 10　나눔의 힘을 아는 사람은　98

CHAPTER 11　사랑합니다, 감사합니다　104

CHAPTER 12　용서하지 않으면 곪아 터진다　112

CHAPTER 13　내 인생을 바꾼 인도 여행　121

PART 4   내 인생을 이끄는 리더는 누구인가?

CHAPTER 14   인생은 언제든 편집 가능한 '스토리'다   130

CHAPTER 15   나는 생각보다 훨씬 많은 것을 알고 있다   141

CHAPTER 16   시간이 나를 위해 움직이게 하라   149

CHAPTER 17   과감한 모험이 아니면 아무것도 아니다   159

CHAPTER 18   나 자신에게 친절하라   169

PART 5   나는 무엇을 해야 할지 알고 있다

CHAPTER 19   또 너냐? 그래, 내가 졌다!   176

CHAPTER 20   돈을 끌어당기는 사람들의 특별한 습관   188

CHAPTER 21   간절함의 차이가 특별한 결과를 낳는다   203

에필로그   213

목적 없는 성실함이 당신을 망치고 있다

예전에는 '불가능은 없다, 할 수 있다고 생각하면 할 수 있다' 같은 말은 모두 허튼 소리라고 여겼다. 삶은 아무리 간절히 원해도 해낼 수 없는 일들로 넘치는 전쟁터가 아닌가?

그러면서도 나는 변화하고 싶은 마음이 너무도 간절했기 때문에 더 나은 삶의 주인공이 되려면 어떻게 해야 할지를 끊임없이 고민했다. 될 대로 되라는 식으로, 그러다 안 되면 도망쳐버리겠다는 식으로 살기엔 내 마음속 갈망이 너무도 컸기 때문이다. 하지만 맹목적인 열정으로 성실하게만 사는 삶에는 문제가 많았다.

사실 나는 전체적으로 볼 때는 그럭저럭 잘 해내고 있었다. 책을 두 권이나 출간한 작가로서, 가족과 친구들과 훌륭히 교감을 나누는 사회인으로서, 비교적 안정된 삶을 이어가고 있었다.

그럼에도 마음속에 가득 들어찬 불만과 갈증이라니……. 그 이유는 아무리 생각해봐도 내가 해낼 수 있다고 믿는 삶에 비해 현실이 그리 대단한 게 아니라는 데 있었다. 나는 늘 이런 기분이었다.

"이것이 내가 할 수 있는 최선일까? 그저 그런 성과에 만족하면서 불안정하고 애매모호한 인생 드라마를 만들어내는 현실이 정말로 내가 원하는 삶일까?"

내가 무엇보다 고통스럽게 여긴 것은 언젠가부터 마음속 깊은 곳에서부터 들려오기 시작한 목소리였다.

"나는 멋진 사람들과 소통할 수도 있고, 생각 같아선 단숨에 고층건물을 뛰어넘을 수도 있을 만큼의 열정과 힘도 있고, 원하는 것이 무엇이든 손에 넣을 수 있는 능력이 있다. 그런데도 현실은 항상 싸구려 식당에서 값싼 빵이나 씹으며 힘들게 살고 있으니, 나는 이렇게밖에 살 수 없는 존재일까?"

당신도 나처럼 현재의 삶에 불만스러운 부분이 많기 때문에 이 책을 집어 들었을 것이다. 당신은 어쩌면 세상을 향해 재능을 마음껏 떨치고 싶지만, 현실은 무일푼 신세라서 키우고 있는 반려견에게 줄 먹이조차 제대로 구하지 못하는 상황일지도 모른다.

아니면 금전적으로 성공을 거두고 다음 목표를 향해 근면성실하고 힘차게 달려나가고는 있지만, 마지막으로 마음껏 웃어본 게 언제인지 기억나지 않는 처지일 수도 있고, 모든 게 엉망

진창인 상태라서 매일 울거나 술에 취해 시간을 보낼 수도 있다. 또는 하루하루 최선을 다하고 있지만 무슨 까닭에서인지 여전히 허탈한 기분을 떨치지 못해 어디로든 멀찌감치 도망치고 싶어 하는 사람일 수도 있다.

이런 사람들에게 해주고 싶은 말이 있다.

"당신이 살아 있음을 느끼게 하는 게 무엇인지 알아낸 다음, 그것을 손에 넣는 일이 불가능하다거나 그것을 누릴 자격이 없다는 생각 따위를 깡그리 접어라. 그 대신 당신이 진실로 원하는 삶을 스스로 노력해서 만들어내겠다는 신념과 그것을 과감하게 손에 쥐고야 말겠다는 자신감을 가져라."

반가운 소식은, 그러기 위해 당신은 아주 간단한 것 하나만 바꾸면 된다는 사실이다. 단순히 삶을 바꾸고 싶다고 생각하기만 해서는 안 된다. 인생을 변화시키겠다고 분명하게 결심해야 한다. 변하겠다고 다짐하고 또 다짐하라. 바로 그것이 삶을 바꾸는 첫걸음이다.

그러려면 무엇보다 눈에 보이지 않는 것들이나 불가능하다고 생각되는 것들까지 모두 꼭 이루어지리라는 굳은 믿음을 가져야 한다. 그리고 실패에 대한 걱정이나 변화 과정에서의 고통을 기꺼이 감당하겠다고 결심해야 한다.

더 중요한 것은 원하는 삶을 일구겠다는 다짐에 자기 삶이

사는 게 귀찮다고 죽을 수는 없잖아요?

온통 걸려 있는 것처럼 집요하게 매달리는 것이다. 왜냐하면 삶은 실제로 그런 마음자세에 달려 있기 때문이다.

최악의 상황에 처한 절망적인 상태에서 결정적 돌파구를 찾아낸 사람들의 이야기를 들어봤을 것이다. 가슴에 멍울이 만져지거나 자동차를 끌고 다닐 돈이 없어서 길바닥에서 잠을 자기 일보 직전인 절박한 상황에 닥쳤을 때, 불현듯 정신을 차리고 보니 변화가 시작되더라는 이야기 말이다.

그렇다고 완전히 실패의 나락으로 굴러 떨어지기 직전까지 기다렸다가 다시 세상 밖으로 기어 나오려고 시도할 필요는 없다. 인생을 바꿀 열쇠는 다시 일어서겠다는 결단에 있기 때문이다.

나도 그랬고, 다른 많은 사람들도 그랬을 것이다. 성공을 향한 우리의 여정은 어떻게든 의미 있는 변화를 이루겠다는 결심과 함께 시작된다. 그러니 이렇게 말할 수 있다. 대다수 사람들이 고군분투하며 사는데도 성공자의 대열에 함께하지 못하고 현실에서 멀찌감치 벗어나게 되는 이유는 무조건 열심히 하면 된다는 식의 맹목적인 성실함에 있다고 말이다.

당신은 지금까지 해온 일을 통해 지금 이 자리에 와 있다. 하지만 지금까지의 노력이 헛된 것처럼 느껴지고, 그간의 성실함에 배신당한 기분이 드는가? 현재 위치가 마음에 들지 않는가?

그렇다면 답은 의외로 간단하다. 지금까지 해온 방식을 확실하게 바꾸면 된다. 지금까지 살아본 적 없는 삶을 살고 싶다면, 지금까지 해본 적 없는 일을 해야 한다.

여기에 목표가 분명한 열정을 쏟아부어라. 분명한 목표는 구체적인 계획을 세우게 하고, 그다음엔 당당한 행동 습관이 뒤따르게 된다. 바로 이것이 성공하는 사람들의 비밀이다.

진심으로 부탁할 말이 있다. 당신이 지금 무한한 가능성의 세계로 가는 출발점에 있다는 사실을 강하게 믿어라. 이제부터 그런 믿음으로 살 때 어떤 일이 생기는지 확인해보기 바란다. 그렇게 한다고 해서 잃을 것도 없지 않은가?

이제 오랫동안 당신의 삶을 압도해왔던 불신의 마음을 한쪽으로 밀어두고 어느 정도의 위험을 감수하고서라도 원하는 것을 추구하며 살겠다고 결심한다면, 어느 날 잠에서 깨었을 때 당신이 예전에 그토록 바라던 삶의 주인공이 되어 있음을 깨닫게 될 것이다.

PART 1

나는 어쩌다 이런 상황에
놓이게 되었을까?

—

CHAPTER 01

나는 도대체 **뭐가** 문제일까?

—

가만히 앉아 걱정만 하지 마라.
현실도 걱정한 대로 될 뿐이다.
걱정 자체가 당신이 걱정하는
상황이 되도록 조정할 테니까.

_조지프 머피 Joseph Murphy

세상이 전하는
거짓 정보의 희생자들

몇 해 전에 볼링장에서 큰 사고를 당한 적이 있다. 시합이 절정으로 치달으면서 친구들과 나는 서로가 먼저 승리의 기분을 만끽하려고 잔뜩 흥분해 있었다. 시합이 막바지에 이르렀을 때, 마지막 볼링공을 멋지게 던지는 일에 정신이 팔려 있던 나는 힘껏 공을 던진 다음 결과를 보지도 않고 덩실덩실 춤을 추다가 그만 미끄러운 레인 바닥에 철퍼덕 넘어지고 말았다.

그날 밤부터 허리 아래로 느껴지는 격심한 통증 때문에 잠을 이룰 수가 없었다. 의사는 내게, 넘어질 때 신경이 세게 짓눌려서 통증이 생긴 것이니 잠을 푹 자려면 단단한 매트리스가 필요하다고 말했다. 이튿날 당장 백화점 매트리스 매장으로 간 나는 아주 희한한 경험을 했다.

"저도 잠을 잘 때마다 허리가 아파 죽겠어요."

매장 판매사원이 그렇게 말하며 동지를 만났다는 듯이 일방적으로 하이파이브를 하려고 했다. 나는 그의 느닷없는 행동에 짜증이 났다. 매트리스 매장에 가본 사람은 잘 알겠지만 가면 매우 황당한 경험을 하게 된다.

사람들이 보는 앞에서 허벅지 사이에 베개를 끼고 옆으로 누워봐야 하고, 판매사원이 옆에 누워 매트리스의 장점을 줄줄이 늘어놓으며 하이파이브를 청하는 상황까지 겪어야 한다. 나는 혹시 그가 나를 덮치기라도 할까 봐 무서워서 재빨리 일어났다.

나는 그 남자를 곤란하게 만들고 싶지 않아 슬그머니 매장을 빠져나왔다. 우리 형제들은 어려서부터 부모님한테 누군가와 불편한 관계에 놓이게 될 때는 그런 식으로 행동하는 게 최선이라는 교육을 받았다. 재빨리 화제를 돌리거나, 아예 그 자리를 떠나는 식으로 상대의 관심으로부터 멀어지라고 말이다.

우리 부모님의 교육에 대해 말하다 보니 오래전에 어머니한테 들은 이야기가 생각난다. 어머니는 우리 형제들에게 늘 주변 상황이나 주위 사람들의 말 또는 행동에 함부로 휘둘리지 않는 게 진짜 지혜라고 말씀하시곤 했다.

벼락같은 울음을 터뜨리며 세상에 태어났을 때, 우리는 그냥 존재하는 것 말고는 아무것도 하지 못하는 갓난아기였다. 하지만 우리는 그것만으로도 충분히 행복했다. 자신의 벌거벗은 몸을 부끄러워하기는커녕 몸이라는 게 있다는 사실조차 자각하지 못했다.

그러다 시간의 흐름과 함께 새로운 세상을 탐험하는 동안에 주위 사람들로부터 세상이 어떤 곳인지 말해주는 메시지들을 수없이 듣게 되었다.

사는 게 귀찮다고 죽을 수는 없잖아요?

그때 사람들은 평생을 써도 다 못 쓸 만큼 많은 정보를 우리에게 주입했는데, 지금에 와서 생각해보니 그것들 대부분이 사실은 삶의 진실하고는 별로 관계가 없는 것들이었다.

문제는, 사회 전체가 이런 정보들을 강력히 뒷받침하면서 기정사실로 만든다는 점이다. 그 정보들은 우리가 살면서 대면하는 세상의 진실과는 별 상관이 없는데도 끝없는 생명력을 가지고 우리 곁을 맴돈다는 점에서 문제의 심각성이 있다.

성공과 행복으로 가득한 삶을 원하는 당신은 그 모든 거짓 정보들을 모조리 물리쳐야 한다. 나는 그러한 정보들의 실체와 그것들을 이겨나가는 방법에 대해 이 책에서 계속해서 강조할 것이다.

의식의 근육을 강화하라

인간의 의식은 크게 현재의식과 잠재의식으로 나뉜다. 현재의식은 자기가 지금 의식하고 있는 이성적인 부분이고, 잠재의식은 의식하지 못하는 본능적인 부분이다. 우리는 대개 현재의식에 해당하는 부분에 대해서만 알고 있는데, 이유는 현재의식 안에서 모든 정보가 처리되기 때문이다. 현재의식은 사춘기가 될 때까지는 완전히 발달하지 않지만 성인이 되면서 폭발적인 활동성을 갖고 우리 삶을 뒷받침한다. 또한 현재의식은 우리가 잠을 잘 때는 일시적으로 멈췄다가 눈을 뜨는 순간 즉시 활동을 재개한다는 특성이 있다.

반면에 잠재의식은 우리가 태어나는 순간부터 이미 완전히 발달되어 있다. 잠재의식은 우리의 감정과 본능에 관여하는데, 슈퍼마켓 한복판에서 누군가 느닷없이 귀청을 찢는 듯한 소리로 짜증을 내는 것처럼 갑작스럽게 분출되곤 한다.

잠재의식은 우리가 외부에서 얻은 정보들을 모조리 저장해 두는 곳으로, 문제는 잠재의식에는 여과장치가 없어서 보고 들은 것은 무엇이든지 받아들인다는 데 있다. 잠재의식은 무의식의 세계 안에 차곡차곡 쌓아둘 만큼 진실과 거짓의 차이를 구분하지 못한다.

잠재의식은 어릴 때 접한 거의 모든 정보를 있는 그대로 받아들인 채 여전히 철부지 상태에 머물러 있을 만큼 순수하다는 특징이 있다. 이는 어렸을 때 뇌에서 의식을 관장하는 부분인 전두엽이 충분히 형성되지 않았기 때문으로, 보고 듣고 느끼는 모든 것을 걸러서 들을 능력이 없는 상태였기에 모든 정보가 잠재의식 속에 하나의 진실처럼 자리 잡을 수밖에 없었다.

이런 현상은 급기야 어른이 된 뒤에 상담실에 누워 심리치료

사는 게 귀찮다고 죽을 수는 없잖아요?

를 받거나 약물중독 재활치료를 받는 순간까지도 처음 그 모습 그대로 체내에 머물러 있게 된다.

따라서 누군가 눈물을 흘리며 '나는 도대체 뭐가 문제일까?'라고 자문한다면, 정확한 답은 잠재의식에 버티고 있는 그릇된 신념이라고 확실하게 말할 수 있다.

많은 사람들이 신념을 가지고 행하는 많은 일에서 계속 헛발질을 하며 고생하거나 보이지 않는 무엇에 짓눌린 채 원하는 삶과 전혀 딴판으로 살아가는 이유는 바로 이 때문이다.

그릇된 신념은 그릇된 방향으로 이끌어 그릇된 결과를 낳게 하는 원흉이다. 이 모든 것의 출발점에 맹목적인 열정이 숨어 있음을 잊지 마라.

당신이 어릴 적에 몹시 궁핍한 부모님 밑에서 자랐다고 치자. 아버지는 생계를 위해 항상 떠돌아다녔고, 이따금 집에 돌아와서도 뜻대로 풀리지 않는 삶에 좌절하며 사사건건 짜증을 내는 사람이었다고 가정하면, 당신의 잠재의식은 이 모든 상황을 기정사실로 받아들여서 다음과 같은 생각이 뿌리를 내리게 했을 것이다.

- 돈을 버는 데는 고통스러운 노력이 따른다.
- 돈은 아무리 노력해도 손에 넣기 힘들다.

- 내가 아버지에게 버림받은 이유는 돈 때문이다.
- 돈은 사람을 망가뜨리는 악마의 손을 가졌다.
- 내가 돈을 버는 것은 하늘의 별따기보다 어렵다.
- 나는 가난하게 태어나 힘들게 살다가 궁핍하게 죽어갈 것이다.
- 내게 주어진 이런 삶은 하늘이 정한 것으로 달리 방법이 없다.

이런 생각에 사로잡힌 채로 살면, 설령 돈을 벌게 되더라도 사랑하는 이들에게 버림을 받을지 모른다는 두려움에 떨게 된다. 이렇게 돈에 대한 불신이 가득한 상태에서는 아무리 의식적으로 돈을 벌려고 노력해도 계속 빈털터리를 면치 못하거나 큰 돈을 벌었다가도 얼마 못 가 몽땅 탕진해버리는 상황을 반복하게 된다.

나는 이런 경우를 흔히 본다. 가정을 팽개치고 비열하게 바람을 피우며 온갖 말썽을 일으키던 아빠와 꼭 닮은 남자와 결혼하는 여자들이 의외로 많다. 다른 사람들에겐 그녀의 불행이 훤히 보이는데도 오직 그녀만이 보지 못하는 현실이라니. 안타깝게도 그녀의 선택은 잠재의식에 이끌린 행동이라고 확실하게 말할 수 있다.

잠재의식 속에 자리 잡은 생각이 현재의식과 일치하지 않으면, 이루고자 하는 일과 실제로 이룬 일 사이에 혼란스러운 갈

사는 게 귀찮다고 죽을 수는 없잖아요?

등 상황이 빚어진다. 이는 마치 한 발은 가속 페달에, 다른 한 발은 브레이크 페달에 올려놓고 고속도로 위에서 운전하는 것과 같다.

이렇게 우리 삶에 시시때때로 작동하여 브레이크를 밟아대는 부정적인 잠재의식에서 벗어나려면 자신이 현재 놓여 있는 상황부터 자각해야 한다. 잠시 시간을 내어, 자기 삶에서 받아들이기 힘든 부분과 그런 상황을 만들어낸 이유를 생각해보자.

스스로 벌 수 있다고 생각하는 것보다 훨씬 적은 돈을 벌고 있는가? 아무리 노력해도 그 이상으로 버는 것은 불가능하다고 생각되는가? 앞으로도 계속 큰돈을 벌기는 힘들다고 여겨지는가? 당신이 만약 그렇다면 돈을 생각할 때마다 머릿속에 가장 먼저 떠오르는 생각을 다섯 가지만 적어보라.

- 나는 도대체 뭐가 문제일까?'라는 물음에 대한 답이 희망과 가능성으로 가득한가?
- 아니면 두려움과 혐오로 가득한가?
- 당신의 부모님은 돈에 대해 어떤 생각을 하는 분들이었나?
- 어린 시절에 주변에 있던 사람들의 돈에 대한 생각은 어떠했나?
- 돈에 대한 그들의 시각과 당신의 생각 사이에는 어떤 연관이 있는 것 같은가?

이 책의 뒷부분에서는 당신의 잠재의식을 훨씬 더 깊숙이 파고들어, 당신이 진정으로 살고 싶어 하는 삶을 살지 못하게 가로막는 문제들을 쫓아낼 도구들을 하나하나 제시할 것이다. 지금은 맹목적으로 성실하게만 살기보다 잠시 옆으로 비켜서서 당신의 삶을 삐걱거리게 하는 것들이 무엇인지 주목하면서 의식의 근육을 강화해야 할 때다.

눈에 보이지도 않는 의식을 강화한다는 것은 쉽지 않은 일이지만, 지금까지와는 다른 삶을 살고 싶다면 반드시 해야 한다. 왜냐하면 다른 삶이란 의식의 변화에서부터 시작하기 때문이다.

그러기 위해 제일 먼저 잠재의식에서 만들어내는 부정적인 이야기들을 마음에서 쫓아내는 일이 필요하다. 하나하나 끄집어내어 왜 그런 생각을 자꾸 하게 되는지, 하나의 생각이 어떤 연유로 그토록 길게 꼬리를 물고 일어나는지 돌아보자.

물론 하루아침에 되는 일은 아니고, 한꺼번에 해서 될 일도 아니다. 습관이 중요하다. 자기 마음속에 기생하고 있는 부정적인 감정들을 쫓아내는 일을 습관으로 만들면, 어떤 일을 하기 전에 부정적인 생각이 떠오르는 즉시 마음속의 교통경찰이 출동해 악춰 나는 요인들을 밖으로 쫓아낼 것이다.

그러고 나면 이제부터는 그 안에 자기 삶에 반드시 받아들이

사는 게 귀찮다고 죽을 수는 없잖아요?

고 싶은 신선하고 강한 신념들을 초대할 공간을 마련할 수 있다. 이런 일이 의식적으로 머릿속에 완전히 자리 잡도록 만들자. 마치 최면에 걸린 사람이 최면술사의 말에 자동으로 반응하듯이 긍정적인 신념들이 자동적으로 표출되도록 만들어야 한다. 이것이 바로 성공하는 삶을 위해 꼭 필요한, 의식의 근육을 강화하는 첫걸음이다.

누군가 눈물을 흘리며
'나는 도대체 뭐가 문제일까?'라고 자문한다면,
정확한 답은 바로 그의 잠재의식에 버티고 있는 그릇된 신념이다.
이때 필요한 처방은 단 하나다.
부정적인 생각에 물들어 있는 의식의 근육을
긍정적인 쪽으로 최대한 강화하라.

CHAPTER 02

내가
원하는 나를
얻는 법

행복한 사람이 되기를 바란다면
쉽게 이룰 수 있지만
남보다 훨씬 더 행복한 사람이 되기를 바란다면
결코 그렇게 될 수 없다.
왜냐하면 우리는 항상 나보다
남들이 더 행복하다고 믿기 때문이다.

_샤를 드 몽테스키외 Charles de Montesquieu

내가 만든 막장 드라마의
주인공은 누구인가?

요가 강사가 수강생들에게 비둘기 자세를 취해보라고 했다. 한 쪽 다리는 뒤로 뻗고 다른 쪽 다리는 몸 앞으로 구부린 다음, 몸을 앞으로 굽혔다가 뒤로 젖히는 동작이다.

운동신경이 뛰어난 사람은 이 동작을 무리 없이 해내겠지만, 평소 몸이 몹시 둔한 데다 골반을 그런 식으로 자유자재로 움직이지 못하는 나한테는 여간 힘든 자세가 아니었다. 자세를 취할 때마다 온몸이 욱신거렸고, 잘못해 근육이 뒤틀려 꼼짝 못하는 상태가 되지 않을까 겁이 났다.

하지만 아무리 힘들어도 다 같이 참여하는 수업시간이기에 어쩔 수 없이 강사의 지시에 따라야 했다. 나는 골반에 엄습하는 극심한 통증에도 불구하고 최대한 긴장을 풀고 강사가 지시하는 자세를 취해야겠다고 결심했지만 몸이 제대로 따르지 않았다.

나는 어설프게나마 비둘기 자세를 취한 다음, 땀을 뻘뻘 흘리면서 강사가 빨리 다른 자세로 바꾸라고 지시해주기만을 빌었다. 그러나 강사는 인간과 우주와의 연결, 호흡의 중요성, 그리고 진정한 깨달음을 이루는 법에 관해 설명하느라 자세를 바꾸

사는 게 귀찮다고 죽을 수는 없잖아요?

라는 말을 하지 않았다.

나는 이를 악물고 속으로 외쳤다. 오, 제발, 강사님, 몸이 찢어질 것 같아요. 빨리 나에게 와서 몸을 펴줘요, 안 그러면 이대로 으스러질 것만 같아요……. 그런데 거의 눈물이 나올 지경이 되었을 때 갑자기 이상한 일이 일어났다.

어느새 내가 그 자세 안에서 자연스럽게 호흡을 하고 있었던 것이다. 입에서는 투덜거리던 소리가 멈췄고 온몸이 다소곳해졌다. 나는 깜짝 놀랐다. 둔하기 짝이 없는 몸이 아주 안정적으로 요가 자세를 소화해내고 있었던 것이다. 고통이 사라지고 공포감도 자취를 감추었다. 뭐라 표현할 수 없는 기쁨이 가득 차올랐다.

하지만 그것도 잠시, 내 몸이 다시 꼼짝 못 하는 상태에 빠지고 말았다. 몸이 돌덩이처럼 굳어버린 느낌이었다. 숨이 멎을 것 같은 고통이 밀려왔다. 오, 제발, 강사님. 더 이상은 못 참겠어요. 허리가 끊어질 것 같아요. 무릎이 불에 덴 듯이 화끈거려요…….

그런데 그때였다. 뭔가 알 수 없는 충만감이 밀려들면서 마음이 더 없이 편안해지고, 예전엔 맛보지 못한 환희가 밀려왔다. 나는 비둘기 자세에 깊이 녹아들어 더없이 편안한 행복감을 느꼈다.

그때 나는 깨달았다. 머릿속으로는 더 이상 참지 못하겠다고 비명을 질러대는 상황과 그다음 순간 가슴 한편에 우주 에너지와 호흡을 나누며 충족감을 느끼는 상황이 번갈아 찾아오는 것은 사실 우리가 인생을 살아가는 기본적인 방식이기도 하다는 사실을 말이다.

골반이 빠져나갈지도 모르는 가능성(미래)에 대해 걱정하거나 내가 그런 자세를 취하는 게 얼마나 힘든지(과거)를 생각하는 대신, 이 순간 나를 가득 채우는 충족감에만 흠뻑 빠져들 수 있다면 그것만으로 충분히 행복할 것이다. 따라서 이렇게 말할 수 있다.

"아직 오지도 않은 미래를 걱정하거나 이미 흘러가버린 과거에 매달려 안달복달하지 말고 오직 이 순간을 즐겨라."

그렇게 되면, 그동안 내가 만든 막장 드라마의 주인공을 자처해 연기하면서 얼마나 심하게 나 자신을 괴롭혀왔는지, 그래서 소중한 시간들을 얼마나 낭비해왔는지를 돌아보게 될 것이다.

우리는 회전축을 중심으로 정해진 경로를 따라 정확하게 운행하면서도 우주 공간을 재빠르게 돌진하고 있는 거대한 행성에 살고 있다. 그 안에서 우리의 심장은 정확한 리듬으로 작동하고 있다. 더구나 사랑과 웃음, 언어, 열정, 꽃, 음악, 산과 들이 있는 무한대 크기의 세상에 살고 있다.

우주는 우리 한 사람, 한 사람을 사랑하고, 우리가 우주의 힘이 일으키는 각종 기적에 적극적으로 참여하기를 바라기 때문에 가끔은 놀라운 경험을 하게 만든다.

내 지인은 고속도로에서 운전하다가 음주운전자가 모는 대형 트럭에 떠밀려 50미터 언덕 아래로 굴러 떨어졌다. 그럼에도 그는 자기 힘으로 언덕 위로 기어올라 왔다. 얼마 후 달려온 구급차에 실려 가는 동안 그는 완전히 혼이 나간 상태였으나 몸은 다친 곳이 하나도 없을 만큼 멀쩡했다.

그는 생사의 경계를 넘나들었던 그 일이 삶을 바꿔놓은 가장 결정적인 경험이라고 말한다. 물론 모든 사람이 이런 일을 겪는 건 아니지만, 그게 어떤 모양이건 누구에게나 삶을 변화시키는 결정적인 순간은 찾아온다. 성공이나 행복은 그런 기회가 왔을 때 어떤 태도를 취하느냐의 차이에서 오는 결과물임을 잊지 말자.

눈을 번쩍 뜨고
기회를 발견할 준비를 하라

우리가 살면서 두려워하는 일이나 장래 문제와 관련해 염려하는 것들의 답은 사실 지금도 존재하고 있다. 당신이 그토록 간절히 원하는 돈은 이미 세상에 존재한다. 당신이 만나고 싶어 하는 사람은 어딘가에 존재하고 있다. 당신이 경험하고 싶어 하는 일을 지금 누군가는 해내고 있다. 당신이 진정으로 바라는 인생도 지금 여기에 존재한다. 하지만 전부 여기 있다고 하는 그것들은 대체 어디에 있단 말인가?

사람들은 에디슨이 전구를 발명하기 전까지 전기의 존재를 알지 못했다. 그때도 지금과 똑같이 세상 속에 존재했지만 당시엔 누구도 그런 사실 자체를 인지하지 못했다. 그러다 사람들은 세상에 전구가 등장하자 돌연 전기에 관심을 갖고, 이를 실생활에 활용할 방법을 적극적으로 찾게 되었다. 따라서 이렇게 말할 수 있다.

"우리가 살면서 원하는 대상과 기회는 아직 존재하지 않는 게 아니다. 우리가 그것들을 정말로 가질 수 있다는 사실을 아직 깨닫지 못했을 뿐이다."

힌두교에 이런 이야기가 전해진다. 어느 날 한 여자가 숲속으로 들어가 질끈 눈을 감고 신에게 소원을 들어달라고 간절히 기도했다. 그랬더니 정말로 그녀 옆에 신이 나타나 어깨를 툭툭 쳤다. 그런데도 그녀는 완강히 눈을 감은 채 자신은 지금 굉장히 중요한 일을 위해 신에게 기도하는 중이니 방해하지 말아달라고 했다.

신이 또 한 번 어깨를 툭툭 건드렸지만 그녀는 여전히 눈을 감은 채 방해하지 말라고 소리쳤다. 당신도 그럴 수 있다. 머릿속에 뿌리내리고 있는 일에 너무 매몰되어 있으면 당신 앞에 펼쳐져 있는 기회를 놓치게 된다. 그러니 무엇을 절실하게 원한다면 눈을 번쩍 뜨고 사방을 둘러보면서 그것을 발견할 준비를 해야 한다.

여기 내가 즐겨 하는 방법이 있다. 일단 하던 일을 멈추고, 지금 기분이 어떤지 확인해본다. 나를 둘러싼 모든 것들을 모조리 삼켜버리겠다는 듯이 숨을 깊이 들이마신다. 심장박동을 느낀다. 머리끝에서 발끝까지 나를 감싸고 있는 공기를 느낀다.

당신도 지금 당장 모든 짐을 내려놓고 천천히, 아주 천천히 호흡해보라. 생각하는 것보다 훨씬 더 천천히 숨을 쉬어야 한다. 주변의 모든 것을 들이마시겠다는 듯이 숨을 들이켜고, 몸속의 모든 것을 뱉어내겠다는 듯이 숨을 몰아쉬어라. 그렇게 하다 보면 엄청나게 많은 신용카드 빚에 시달리거나 가족과 몇 년째 말을 하지 않고 지낸다 하더라도 차츰 마음의 평화를 느낄 수 있을 것이다.

인생이라는 짐은 누구에게나 무거운 법이다. 남보다 유난히 더 무거운 짐의 무게에 짓눌려 있다고 생각한다면, 그럴수록 더

욱 현실에서 잠시 벗어날 필요가 있다. 이것은 현실의 무게에 짓눌려 살다가 모든 것을 버리고 멀찌감치 도망치고 싶다고 생각하는 것과는 다르다.

현실이 진흙탕이라고 생각될수록 무조건 벗어나려고 발버둥치지 말고, 잠시 멈춰 서서 자기 자신을 조용히 응시하라. 과거도 아니고 미래도 아닌, 바로 지금 이 순간을 제대로 살려고 노력한다면 신이 당신을 찾아와 어깨를 툭툭 건드렸을 때 즉시 눈을 뜨고 손을 내밀 수 있다. 우리가 성공이라고 말하는 삶은 바로 여기서부터 출발한다.

사는 게 귀찮다고 죽을 수는 없잖아요?

에디슨이 전구를 발명하기 전까지 누구도 전기의 존재를 알지 못했다.
사람들은 전구가 나타나자 돌연 전기에 관심을 갖고,
이를 현실에 적용할 방법을 찾게 되었다. 마찬가지로,
우리가 찾는 기회는 아직 존재하지 않는 게 아니라
그것을 가질 수 있다는 사실을 아직 깨닫지 못했을 뿐이다.

CHAPTER 03

나는 단지
나 자신일
뿐이다

다른 누군가가 되려고 애쓰지 마라.
그건 곧 나 자신을 버리는 행위다.
평생 남의 얼굴을 그린 가면을 쓰고 사는데
온전히 행복할 수 있을까?
행복하려면 가장 먼저 나 자신이 되어야 한다.

_커트 코베인 Kurt Cobain

어느 잘나가는
커리어우먼의 고백

내 친구 중에 자기계발 분야의 유명강사로 활동하는 여성이 있다. 대기업이나 학교, 각종 사회단체로부터 강의 요청이 끊이지 않는 그녀는 말솜씨가 뛰어날 뿐만 아니라 매사에 에너지가 넘쳐서 곁에 있는 것만으로도 긍정적인 변화가 찾아오는 느낌이다.

누구나 그런 사람을 만날 때가 있다. 우연히 만나 명함을 건네며 악수를 나누었을 뿐인데도 대단한 에너지를 느끼며 혀를 내두르게 되는 경우 말이다. 그녀가 바로 그런 사람이다.

그런데 어느 날 깜짝 놀랄 일이 벌어졌다. 그녀가 밤늦게 전화를 걸어와서는 긴 한숨을 내쉬며 자신이 하는 일이 얼마나 지루한지 아느냐며 투덜대는 것이었다. 누구나 인정하는 커리어우먼으로, 누구보다 잘나가는 인생의 주인공으로 보였던 그녀가 자기 삶이 너무 형편없어 죽고 싶다며 울음을 터뜨리는 상황이라니, 나는 너무 놀라 전화기를 떨어뜨릴 뻔했다.

사실 나는 이런 사람들을 몇 명 더 알고 있다. 뛰어난 능력에 온갖 스펙을 다 갖추고 있는데도 스스로를 불행한 존재로 여기는 여성이 있고, 유명대학의 교수로서 신문에 칼럼을 연재하는 능력자가 자신의 부족한 부분을 들먹이면서 스스로를 물어뜯는 경우도 있다.

얼마 전에 성공한 벤처기업가이자 비즈니스 잡지의 표지모델로도 등장한 적이 있는 젊은 사업가를 만난 적이 있다. 이미 누구라고 이름을 대면 세상 사람들이 대번에 알아볼 정도로 유명인사인 그가 자기 회사에 나를 초청해서 '일과 인생, 그리고 성공'이라는 주제로 강의를 해달라고 요청해왔다.

150명 정도의 임직원을 대상으로 강의가 끝나고 나서, 그의 집무실에서 몇 사람이 담소를 나누었다. 그런데 그 자리에서 그가 자신의 능력 이상으로 커버린 회사 규모와 투자자들의 기대에 부응해야 한다는 중압감에 어깨가 무겁다고 말했다.

가만히 보니, 내 눈에는 그의 어깨만 무거운 게 아니라 마음속에 짙은 그림자가 드리워져 있는 것 같았다. 성공한 젊은 사업가로 명성이 자자한 그에게 무슨 일이 있는 것일까? 나는 그 이유를 대충 알 것 같았다.

답은 간단하다. 만족을 모르는 그들은 더 뛰어난 자신, 더 높이 뛰어오른 자신을 원한다. 지금 수준에 만족하지 않고 '더, 더, 더'를 끝도 없이 외친다. 단번에 하늘로 오르는 사다리를 찾느라 눈을 두리번거리느라 항상 머리가 아프다.

그들은 현재의 자신이 아니라 모든 사람의 이목이 집중되는 누군가가 되기를 열망한다. 그러나 자신을 놔두고 다른 누군가가 되기만 바라는 게 과연 옳은 일일까? 설령 그렇다 해도, 평생 남의 얼굴을 하고 살아가는 사람에게 행복이 찾아올까?

그런 이들 중에는 스스로를 이기주의자라고 질타하며 이타주의자로 살아가지 못하는 삶을 거의 자학 수준으로 힐난하는 경우도 있다. 그러자니 죄책감이라는 굴레에 갇혀서 숨이 턱턱 막히는 하루하루를 살게 되는 것이다.

이타주의는 자기의 이익을 최우선으로 여기는 이기주의와는 정반대의 개념으로, 자신보다 타인을 먼저 생각하고 자기 삶의 기반이 되는 모든 행동 목적을 타인의 행복에 둔다. 어렸을 때 어른들이 제일 훌륭한 태도라고 강조했던 생활 태도다.

그때 받은 교육의 여운이 아직도 강하게 남아 있기 때문일까? 우리는 어른으로 살면서 타자에 대한 배려가 부족한 삶은 황무지처럼 메마른 것이라고 믿으며 하루하루 죄의식에 젖어 산다.

이렇게 세상 사람들을 의식하고 살면서, 자기 삶에 이득이 되는 것들을 양보하면 당연히 주변의 칭찬이 자자하고 당사자는 커다란 보람을 느끼게 된다. 하지만 이타주의적인 삶을 추구해서 무조건 자기 입장을 뒷전에 놓고 살면 어떻게 될까?

당연히 죽을 때까지 자기만의 세계는 구축되지 않을 것이다.

답은 절제와 균형에 있다. 이기주의를 무조건 배척하지 말고, 그렇다고 이타주의를 무조건 추종하지도 말고 이타주의와 이기주의를 적절히 배분해서 살아가는 게 옳다는 얘기다.

그런 의미에서 나는 힘껏 엄지를 세우며 자신이 최고라고 말하는 사람이야말로 멋지다고 생각한다. 남이 나를 알아주기만을 기다리면서 침묵 속에 자신을 감춰두는 사람들에게 세상은 절대 관대하지 않다. 그런 사람일수록 언젠가는 기회의 문이 저절로 열리겠지 하는 기대를 버리지 않지만, 자신을 가능성이 큰 존재라고 인정하지 않는 사람에게 세상은 결코 문을 열지 않는다.

사실은 우리 모두 대단히 공격적인 성향을 가지고 태어났다. 이 행성에 처음 등장한 순간부터 세상을 향해 괴성을 질러댈 정도였으니 말이다. 태어나는 순간에 '나는 세상이 무서워 살아갈 자신이 없다'면서 울음을 터트리는 걸 까먹을 정도로 움츠리는 아이는 없다. 세상을 향한 우렁찬 포효, 그게 우리의 본래 모습이다.

그럼에도 우리는 어른이 되어가면서 온갖 풍파에 맞서다 보니 자신을 나약하고 비루한 존재라고 생각하게 되었다. 세상을 향한 포효는커녕 삶의 무게에 신음하며 울음을 삼키는 습관에 젖어버린 것이다.

인간은 죽을 때까지 여행을 하는 존재라는 말이 있다. 여행이라는 현재진행형의 주인공이라는 뜻이다. 길이 심하게 구불구불하고, 간혹 날카로운 벼랑이 기다리고 있어도 세상이 그저 그렇게 생겨먹은 것일 뿐, 그게 잘못된 건 아니다.

우리가 해야 할 일은 험난한 지형지물에 맞춰서 최대한 자기답게 살아가는 것이다. 그것이 우리에게 주어진 운명이고, 내가 이기주의적인 삶을 강조하는 이유다.

자신의 모습을 놔두고 현재의 모습과 전혀 다른 나로 살아간다면 세상에 진짜 나는 존재하지 않게 된다. 나는 단지 나 자신일 뿐이다. 다른 누군가가 되기를 바라지 말고 지금의 자신을 조금이라도 더 나은 존재로 만들기 위해 노력하자.

—

힘껏 엄지를 세우며 '내가 최고'라고 말하는 사람이 되어라.
자신을 가능성이 큰 존재라고 인정하지 않는 사람들에게
세상은 결코 문을 열지 않는다.
세상이 나를 알아주길 바라면서
침묵 속에 자신을 감춰두는 사람들에게
세상은 절대 관대하지 않다.

CHAPTER 04

자신을
사랑하는 사람들의
공통점

사랑은 간단하다.
삶의 질을 높이고, 확장하고, 풍부하게 만드는
모든 것들이 사랑이다.
사랑은 자동차처럼 그 자체에는 아무 문제가 없다.
문제는 운전자이고 승객이며, 도로에 있을 뿐이다.

_헤르만 헤세 Herman Hesse

두 살짜리 조카에게
배운 것들

어느 날 오빠네 집에 놀러가서 소파에 비스듬히 누운 채로 두 살 된 조카가 뒤뚱뒤뚱 걸어 다니는 모습을 바라보았다. 이제 막 걸음걸이를 배운 탓에 걷기에 익숙하지 않은데도, 아이는 단번에 숙달되겠다는 투지를 불태우며 열심히 걸어보려고 했다.

아이가 그렇게 열심히 자기 일에 몰두하고 있을 때, 오빠가 테이블 위에 놓인 작은 상자를 건드려서 바닥에 떨어뜨리고 말았다. 그러자 마침 근방에 있던 아이가 얼른 몸을 구부려 상자를 집어 들었다. 그때 오빠가 소리쳤다.

"와? 저 작은 꼬마가 이럴 때 어떻게 움직여야 하는지 알고 있네? 무릎을 살짝 구부리면서 허리는 계속 똑바로 펴고, 엉덩이는 수평을 이루면서 배에 힘을 주는, 나무랄 데 없이 완벽한 자세야!"

오빠는 그 뒤에도 몇 차례 더 숟가락, TV 리모컨, 빈 맥주 깡통 같은 물건을 바닥에 떨어뜨렸고 아이는 그때마다 완벽한 자세로 모두 집어 들었다. 그러는 동안에도 오빠는 아이의 유연한 동작과 능숙하게 근육을 사용하는 법, 기저귀가 비뚤어졌는데도 아주 재빠르게 모든 일을 해낸다는 사실을 계속 중계방송

사는 게 귀찮다고 죽을 수는 없잖아요?

했다.

"정말 믿을 수가 없어. 저렇게 부드럽게 몸을 움직여서 장난감을 집어 들잖아. 나는 사소한 운동을 하다가도 허리 근육을 무리하게 쓰는 바람에 병원 신세를 지곤 하는데 말이야."

우리는 어릴 때부터 바닥에 떨어진 장난감을 집어 올리기 위해 허리 대신 무릎을 구부리는 방법을 비롯해 살면서 가장 중요하게 써먹는 기본 동작들을 본능적으로 알고 있다.

또한 우리는 어릴 적부터 심호흡을 하는 법을 알고 있고, 배가 고플 때만 식사해야 한다는 것과 다른 사람들이 내 헤어스타일에 대해 어떻게 생각하든 신경 쓰지 않고 살아가야 한다는 사실도 알고 있다.

그런데 자라면서 새로운 것들을 접하는 과정에서 기본적으로 알고 있던 사실들 가운데 상당 부분을 부정적인 사고방식이나 두려움, 수치심, 자기비판 같은 것들로 대체해서 살아간다. 그러면서 온갖 종류의 고통에 시달리게 되는데, 많은 사람들이 이를 마약이나 술, 섹스, TV 같은 것으로 잠재우려고 한다.

이런 현상은 마치 태어날 때는 어떤 꿈이든 이루고도 남을 만큼 충분한 금고를 가지고 있었다가도, 자신의 지식과 신념을 따르지 않고 다른 사람들이 투자해야 한다고 말하는 곳에다 그 막대한 돈을 별 생각 없이 마구잡이로 투자하는 것과 같다.

본인에게 어울리지 않는 것에 계속 집착하다 보면, 원래 주어진 길에서 한참 벗어난 곳으로 달려가게 된다. 마치 시위를 벗어난 화살이 처음 겨누었던 과녁에서 한참 벗어난 방향으로 날아가는 것처럼 말이다.

문제는, 이런 식으로 자신을 하찮고 비루한 인간으로 취급하면서 쓸데없는 곳에서 방황하는 사람들이 너무도 많다는 점이다. 우리는 이렇게 어른으로 살아가면서 스스로를 파괴하는 일에 골몰하고 있다. 정말이지 믿을 수 없을 정도의 터무니없는 일이 아닌가.

나는 지금 자기 자신을 사랑하면서 죄책감과 억울함, 세상을 아무 이유 없이 비난하는 마음을 버리고 감사하는 마음으로 살아가자는 이야기를 하고 있다. 이것이 진짜 '자기애'의 시작이다.

자기애는 자신의 가치를 높이려는 마음에서 비롯되는데, 대부분은 이 말에 '나르시시즘narcissism'을 떠올리지만 내가 말하려는 자기애는 그것과는 조금 다르다. 정신의학자 지그문트 프로이트Sigmund Freud는 《나르시시즘 서론》에서 나르시시즘을 자기 자신에게 강한 애착을 느끼는 현상으로 파악하면서 인격 장애의 하나로 규정했다.

하지만 이것은 정도의 문제일 뿐, 자기 자신에 대한 신뢰와

애정이 나쁠 리 없다. 오히려 자신에 대한 불신이 문제가 되어 온갖 형태의 정신적 고통을 겪는 사람이 많은 현실만 봐도 그렇다. 현실 속에서 자기애를 지켜나가기 위해 반드시 습득해야 할 방법들 몇 가지를 소개한다.

1. 나만의 특별함을 인정하라

나와 완전히 똑같이 생긴 사람은 어디에도 없을 만큼 나는 특별한 존재로 태어났다. 당연히 모든 사람이 나처럼 자기만의 특별함을 지니고 있지만 나와 똑같은 방식으로 그것을 사용하는 사람은 어디에도 없다.

이는 나에게는 나만의 특별한 존재 방식과 관점이 있다는 의미다. 나는 나만의 독자적인 현실을 창조했고, 내가 만들어 낸 독특한 길을 따라 지금까지 살고 있다. 나와 같은 사람은 앞으로도 계속 나 하나뿐일 것이다. 그것만으로도 이미 나는 정말 대단한 존재가 아닌가. 이런 특별함에 대해 자부심을 갖고, 내가 가진 독창성을 훼손하거나 잃어버리지 않도록 최선을 다하자.

2. 나만의 긍정적인 부분에 눈을 돌려라

성공하는 인생은 자신을 믿고 격려하는 습관에서 시작된다.

긍정적인 사고는 당연히 필요하고 효과도 크지만 그렇다고 시도 때도 없이 긍정의 말을 흥얼거릴 필요는 없고, 자신을 응원하는 말들을 적어놓기 위해 두툼한 노트를 구입할 필요도 없다.

하지만 이것만은 분명하다. 인생을 성공하는 방향으로 달리게 하고 싶다면 뇌의 회로를 재구성해서 지금까지와는 전혀 다른 방식으로 생각하도록 스스로를 훈련시켜야 한다. 그런 훈련의 하나로 자신이 가장 자주 들어야 하는 긍정의 말이 무엇인지 생각해보고, 그것을 하루 종일 되씹어야 한다. 자동차 안에서나 거리를 걸어갈 때 등 한시도 머리에서 떠나지 않도록 계속해서 곰곰이 생각해봐야 한다.

포스트잇에 적어서 집안 여기저기에 붙여놔도 좋다. 그것을 아침에 일어나서 10회, 밤에 잠들기 전에 10회 큰 소리로 말하라. 자기 자신을 사랑하게 되는 긍정의 말에는 다음과 같은 것들이 있다. 마음에 드는 것을 골라서 머릿속에 계속 주입하라.

- 나는 큰 사랑을 받을 자격이 있고, 이미 충분히 받고 있다.
- 많은 사람들이 나를 좋아하고 내 말에 귀를 기울여준다.
- 내 마음은 항상 열려 있어서 세상의 모든 사랑이 거침없이 쏟아져 들어오고, 또 그만큼 나눠주고 있다.
- 나는 삶이 제공하는 좋은 것들을 모두 받을 준비가 되어 있다.

- 나는 능력이 뛰어나고, 성격이 밝고, 외모도 아름답다.
- 나는 주위 사람들로부터 사랑을 받고 있고, 나 역시 주위 사람들을 사랑하고 있다.

그밖에도 뭐든 좋다. 자신이 반복하는 긍정의 말에 느끼는 감정이 클수록 바람직한 변화를 가져오는 힘은 커진다. 처음에는 자기 자신에게 거짓말을 하는 기분이 들 수도 있을 것이다. 하지만 절대 그렇지 않다. 사실은 대다수 사람들이 현재 거짓된 삶을 살고 있기 때문에 이런 긍정의 말을 통해 진실의 세계로 돌아가게 되는 것이다.

세계 최고의 갑부가 되겠다거나 앞으로 1년 안에 원하는 결과를 얻겠다는 등의 말도 안 되는 소리를 맥락 없이 그냥 줄줄이 늘어놓기만 해서는 안 된다. 원하는 효과를 얻으려면 그 말을 진실이라고 느끼면서, 그것을 바탕으로 착실히 실천해야 한다.

3. 가장 좋아하는 일을 하라

내가 살아 있다는 느낌이 들게 만드는 사람이나 사물, 경험으로부터 점점 멀어지는 것은 스스로에게 아주 형편없는 메시지를 보내는 것과 같다. 그러니 자기 삶을 돌아보면서 어느 부분에서 그런지 살펴보라. 만약 이런 소리를 들었다 치자.

"나는 연극 보는 걸 정말 좋아하는데, 언제 마지막으로 공연을 보러 갔는지 기억도 안 나……."

"정말로 하고 싶은 일이 있는데 지금 형편으로는 도저히 엄두가 나지 않아……."

그렇다면 즉시 시간을 내어 실행해보라. 우리는 모두 바쁘게 살아가고 있지만 그런 와중에도 즐거운 인생을 우선순위로 삼는 사람들만이 진짜 행복이 뭔지 온몸으로 느끼며 살아가게 된다. 달리 말하면 즐겁지 않은 일을 우선순위로 하는 한 죽을 때까지 진짜 즐거움과는 거리가 먼 인생일 수밖에 없다는 것이다.

그러니 자신도 모르게 습관처럼 내뱉는 말에 귀를 기울이고, 그것이 무슨 의미인지 생각해보라. 자신이 하는 일에서 더 많은 기쁨을 누리기 위해 의식적으로 노력해보라. 세상이 억지로 떠맡긴 듯한 삶에 굴종해서 살아가는 게 아니라 진심으로 좋아하는 삶을 창조하기 위해 적극적으로 행동하는 사람이 되어라.

4. 부정적인 생각을 대체할 다른 방법을 찾아라

많은 사람들이 자기 자신에 대해 자동반사적으로 부정적인 반응을 보이는 행동에 너무나 익숙해서, 이 문제에 의문을 품을 생각을 절대 하지 않는다. 하지만 자신의 생각 습관과 행동

패턴이 어떤지 알게 되면 그런 습성을 의식적으로 변화시킬 수 있으니 지금부터라도 주의를 기울여보자.

거울에 비친 자기 얼굴을 보면 무슨 생각이 드는가? 당신이 정말로 하고 싶지만 한 번도 시도해보지 않은 일에서 큰 성공을 거둔 사람을 보면 어떤 감정이 솟구치는가? 나보다 훨씬 더 탁월한 능력을 발휘하는 사람을 만날 때는 어떤 감정이 일렁이는가?

어떤 일에서 벗어나려고 최선을 다했음에도 끝내 실패로 귀결되었을 때는 어떤 느낌인가? 바지 지퍼가 열린 것도 모르고 하루 종일 돌아다녔을 때는? 자동차 지붕 위에 커피가 가득 들어 있는 컵을 올려놓은 채 운전하고 다녔을 때는?

스스로에게 아주 혹독하게 굴어서 새롭게 바뀐 반응들을 찾아냈을 때, 어떤 생각이 떠오르는지 생각해보자. 예를 들어 거울에 비친 자기 얼굴을 볼 때마다 가장 먼저 들었던 생각이 '아, 나는 왜 이 모양일까?'였다면, 이제는 '아, 난 진짜 멋있어!'로 바꾸기 위해 의식적으로 노력한 다음, 그 뒤부터 자신의 기분이 어떻게 변화했는지 체크해보라.

이런 식으로 살면 예전엔 어떤 일을 망쳤을 때의 반응이 '망했다! 내가 또 실수를 저질렀구나!'였다면, 이제부터는 '여기서 무슨 교훈을 얻을 수 있을까?'로 바뀌게 된다. 무조건 자책하는 내가 아니라 그것을 발판으로 도약을 모색하는 나로 바뀌는 것이다.

자기 자신에 대해 스스로 내린 모욕적인 판정에 집착하면서 자기 삶을 자꾸 쓰레기통에 처박으려고 해서는 안 된다. 그러기 위해, 이제부터 부정적인 생각을 긍정적인 것으로 대체할 시점이 되었다고 선언하라.

5. 자기비하적인 유머를 버려라

"내가 그렇지 뭐……."

"실패도 하도 잦으니까 이젠 웬만한 일에는 놀라지도 않아."

이런 식으로 자신을 비하하는 유머를 끊임없이 날리는 나쁜 습관은 패배에 익숙한 사람들의 전형적인 모습이다. 그들이 왜 그러는지 나는 잘 알고 있다. 그런 식으로 자학적인 유머를 날릴 때 주위 사람들이 웃으면 자신이 주인공이 된 듯한 착각이 들기 때문이다.

사실 다른 사람들에게 자기를 웃음거리로 제공하는 것도 용기의 하나다. 하지만 여기에도 한계가 있다. 자기 자신을 끊임없이 깎아내리고 할퀴는 습관은 뿌리가 너무 깊으면 어떤 약으로도 치유가 안 되는 불치병이 되기 때문이다.

자기를 비하하는 습관은 주위 사람들에게 자신을 패배자로 취급해달라고 애원하는 행위와 같다.

"나는 이 정도 인간밖에 안 되니, 얼마든지 하찮게 여겨도 상관없어요. 얼마든지 감당할 수 있으니 계속 시시한 사람으로 대해도 좋아요……."

자기 자신에게 들려주는 말은 생각보다 훨씬 더 강력한 힘을 발휘한다. 사소한 농담 하나라도 습관처럼 자꾸 반복하면 시간이 흐르면서 켜켜이 쌓여 파괴적인 확신으로 자리 잡게 된다.

6. 나 자신을 타인과 비교하지 마라

어떤 일을 해낸 다음에 너무나 뿌듯한 나머지 천하를 다 얻은 듯한 기분에 빠졌다가, 다른 사람이 그와 비슷한 일을 훨씬 더 훌륭하게 해낸 사실을 알고 우울해진 적이 있는가?

나를 지금 이곳에 존재하게 만드는 것은 나만의 특별함 덕분인데 다른 사람의 특별함이 내 것보다 낫다고 여기는 버릇은 결국 나에게 낮은 자존감만 가져다줄 뿐이다.

타인과 나를 비교하는 습관은 인생의 단맛을 앗아가는 가장 악랄한 행위다. 자기가 능력껏 열심히 일해서 얻어낸 결과에 만족하면 되는데 타인과 비교하면서 자기를 깎아내리기 시작하면 어떤 성취를 이뤄도 쓴맛으로 느껴진다. 어디를 가나 나보다 앞서 나가는 사람은 반드시 있게 마련이기 때문이다.

7. 나 자신을 용서하라

예전에 오랫동안 추진해온 일을 크게 망친 적이 있다. 한동안 일을 수습하느라 무척 애를 먹었지만, 이것이 나만의 비극일까? 인간은 모든 일에 성공을 거두는 능력을 가지고 태어났다기보다 크고 작은 실수를 더 자주 저지르는 능력을 가지고 태어났다. 지금의 실패가 나 혼자만 겪는 일이 아니라는 뜻이다.

이왕에 저지른 실패는 잊어버리고 다시 일어나야 한다. 그대로 엎어진 채로 죄책감과 자기비하의 무게에 짓눌려 있는 건 무의미한 행동이다. 실패로 얼룩진 자기 자신을 이제 그만 용서하자. 스스로를 진심을 다해 보듬는 마음이 나에게 가장 필요한 응급약이라고 생각하자.

사는 게 귀찮다고 죽을 수는 없잖아요?

자신을 하찮은 인간으로 여기는 사람들이 있다.
그렇게 스스로를 파괴하는 일에 골몰하며 평생을 살다니,
얼마나 터무니없는 일인가? 오늘부터 당장 죄책감, 억울함,
이유 없이 세상을 비난하는 마음을 버리고
감사하는 마음으로 살아가자.
이것이 진짜 행복의 시작이다.

PART 2

있는 그대로의 나로
충분한 이유

—

CHAPTER 05

왜 스스로를
의심하면서
여기저기
기웃거리는가?

—

한숨이 나는 순간은 누구에게나 있다.
삶이 비참하게 느껴지고,
내 능력이 너무 하찮게 느껴지고,
앞날에 먹구름이 낀 것처럼 막막한 순간은
누구에게나 있다.
하지만 그래도 받아들여야 한다.
나를 성장시킬 수 있는 사람은 바로 나밖에 없으니.

_다그 함마르셸드 Dag Hammarskjold

타인을 신경 쓰는
습관을 버려라

어느 날 밤, 작가로 활동하는 친구가 전화를 걸어와서 덜덜 떨리는 목소리로 말했다.

"지금 작업하고 있는 책에 대한 두려움 때문에 도저히 글을 써내려갈 수가 없어."

그녀가 집필하고 있는 책은 어린 시절 양부한테 받은 끔찍한 학대를 비롯한 고단했던 유년기의 기억을 담은 내용인데, 글이 너무 어둡게 묘사되는 바람에 자기의 본래 의도가 독자들에게 제대로 전달되지 않을까 봐 두렵다고 했다.

우리 주변엔 그 친구처럼 다른 사람들이 나를 어찌 생각할지 신경을 쓰느라 시간 낭비를 하는 사람들이 아주 많다. 내게 주어진 삶을 어떻게 꾸려나갈지 열심히 궁리하며 사는 일에도 바쁜데 다른 사람들이 나를 어떻게 생각할지 걱정하며 살면 인생 자체가 재미있을 턱이 없다. 미국의 시인 에머슨Ralph Emerson은 이렇게 말했다.

"신은 당신 근처에 많은 것들을 가져다 놓았다. 문제는, 당신은 신이 그것을 손에 쥐어주기만을 바랄 뿐 직접 찾아 나서지 않는다는 것이다."

이런 사람일수록 다른 이들은 어떻게 살아가는지, 자기를 어떤 눈으로 보는지 신경을 곤두세운다. 사실 타인의 시선에 신경을 쓰는 습관은 생존 본능에 속하는 문제였다. 가령 부족사회 시절에는 잘못을 저질러 집단에서 축출되면 생명이 위태로운 사태가 벌어지니 주위 사람들에게 신경을 곤두세워야만 했다.

현대인들에게 이런 습성은 생존의 문제가 아니라 자아를 지키려는 수단에서 출발한다. 문제는 그런 식으로 살면 심신이 몹시 피로해진다는 것이다. 타인의 입장에 따라 처신을 바꿔야 하니 모든 행위에 해답이 없는 일상을 지속해야 한다.

뭔가 큰일을 이룬 뒤에 너무나 큰 기쁨에 차서 주먹을 번쩍 치켜들고 포효하는 사람들 중에 쉽고 당연하게 그 일을 해낸 사람은 아무도 없다. 그들은 다른 이들의 손가락질과 비웃음, 때로는 죽음의 위험까지 감수하면서 기어이 목적지에 도달했다. 그들은 그렇게 다른 사람들의 평가에는 신경 쓰지 않고 자기만의 길에서 가장 강력한 자아를 표출해온 것이다.

남의 눈치를 보지 않고, 타인의 생각 따위는 관심도 없이 자기만의 길을 가려면 어떻게 해야 할까? 다음에 제시된 항목들이 100퍼센트 답을 주지는 않지만, 해결책을 찾는 지름길을 제시해줄 것이다.

1. 자신에게 이유를 묻자

어떤 말이나 행동을 할 때, 그것이 진심에서 우러나온 것인지 자신에게 물어보자. 목적이 정당하다고 생각된다면 자신이 선택한 것을 믿자. 선택에 대한 의심이 타인의 시선을 의식하게 만들고, 이것이 확대되면서 자신감 상실로 이어진다. 자기의 현재 삶을 이끌어가는 동기에 주목하고, 그것에 집중하는 삶을 지켜나가라. 이것이 자존감을 지키는 지름길이다.

2. 자신과의 대화가 중요하다

철새들은 직감에 의존해서 어떤 악조건에도 흔들리지 않고 지구를 반 바퀴나 돌아 원래 서식지를 찾아간다. 사슴과 토끼 같은 작은 짐승들은 직감을 활용해서 포식자와 마주치는 걸 피한다.

하지만 만물의 영장이라는 인간은 마음속으로 최선이라고 믿는 일에 열정을 다 바쳐 집중하지 못하고 다른 사람들이 아무 생각 없이 던진 말을 듣고 엉뚱한 방향으로 달려가다가 한참 시간이 흐른 뒤에 땅을 치며 후회한다. 인간이 작은 짐승들의 직감하고는 매우 다른 이런 행동을 반복하는 이유는 무엇일까?

우리의 내면에는 필요할 때면 언제든 꺼내 쓸 수 있는 직감이라는 놀라운 가이드가 있다. 직감은 주인이 답을 찾으면 최적의 길을 안내하기 위해 항상 대기하고 있다. 자신과의 대화가 중요한 이유다. 무엇이 최선인지 알기 위해 마음속의 가이드와 언제든 대화를 나눌 수 있게 평소에 그런 습관을 만들어라.

3. 자신의 신념을 믿자

신념이라 해도 좋고 초심이라 해도 상관없다. 중요한 것은, 손에 들고 있는 나침반을 믿는 것이다. 주변에서 뭐라고 하든 오랜 고민 끝에 세운 목표에 대해 더 이상 의심하지 않는 태도가 필요하다. 실패하는 사람들의 공통적인 습성은 끝없이 의심을 반복하면서 여기저기 기웃거린다는 것이다.

주변의 누군가가 별 생각 없이 툭 던진 말에 흔들리고는 다시 원점에서부터 시작하는 경우가 그중에 최악이다. 문제는 자신의 신념이 얼마나 사실에 근거하고 있느냐 하는 것이다. 뜬구름 잡는 식의 믿음이나 섣부른 판단에 따라 무조건 내지르는 것이라면 신념이라고 부를 수 없다.

4. 나만의 롤모델을 찾자

멘토가 될 만한 사람을 찾아보자. 꼭 주변의 실제인물이 아니어도 좋다. 책 속에서 만난 가상의 인물이라도 큰 가르침을 주었다면 그 사람도 나의 롤모델이 될 수 있다.

그의 무엇이 인상적이고, 왜 내게 성공의 동기부여를 제공하는지 이유가 분명해야 한다. 어떻게 반응해야 좋을지 모르는 문제에 부딪히면 '그 사람이라면 어떻게 했을까?' 하고 생각해보자. 이런 습관이 의식의 근육을 강하게 하고, 언젠가는 나라면 어떻게 할지 스스로 자문자답하는 수준으로 성장하게 된다.

5. 마지막 순간까지 최선을 다하자

42.195킬로미터를 2시간 5분 내외로 달리는 세계적 마라토너들은 100미터를 18초대 이내로 달리는 속력으로 마라톤 코스를 주파한다고 한다. 이 말은 마라톤 풀코스를 단 한 순간도 낭비하지 않고 똑같은 속도로 달려야 세계 최고 선수가 된다는 뜻이다.

인생을 마라톤에 비유하는 사람들이 많다. 우리 삶이 처음부터 끝까지 일관되게 꾸준히 달리는 마라톤의 속성을 닮았다는 뜻이다. 중간 지점까지 선두권을 달리다가 나머지 구간에서 방심하거나 탈진해 승리를 놓치는 선수들이 많다. 하지만 자신이 무엇을 원하는지 명확히 알고 달리는 사람은 인생이라는 마라톤을 성공적으로 완주할 수 있다. 누구의 평가도 신경 쓰지 말고 앞만 보고 걸어가라는 말을 하면서 꼭 덧붙이고 싶은 충고다.

실패하는 사람들의 공통적인 습성은
끝없이 의심을 반복하면서 여기저기 기웃거린다는 것이다.
중요한 것은 자기 손에 들고 있는 나침반을 믿는 일이다.
주변에서 뭐라고 하건 오랜 고민 끝에 세운 목표에 대해
더 이상 의심하지 않는 태도가 당신을 목적지에 이르게 한다.

CHAPTER 06

생각은 그만하고
행동을 시작하라

깨끗한 엔진이 자동차에
더 강력한 힘을 공급하듯이
깨끗한 마음이 더 큰 힘을 준다.
따라서 생각에 부정적인 것들이 끼어들지 못하게
자주 청소하고, 청결하게 환기시켜라.

_노먼 빈센트 필 Norman Vincent Peale

나에게 주어진
소명은 무엇인가

내가 살아가야 할 목적과 그렇기에 반드시 거쳐야 할 과정이 무엇인지 알고 있으면 다양한 선택지가 생기기 때문에 확장성이 넘치는 삶이 될 수 있다.

이와는 반대로, 목적이 불분명하면 과정 또한 불확실해져서 우유부단함과 지긋지긋한 변명으로 점철된 좁은 우리에 갇히는 신세가 된다. 자신의 재능이 무엇인지 모르고, 안다 해도 제대로 활용하는 법을 알지 못한다면 성공하는 삶은 남의 나라 이야기가 된다.

내가 만들어가고 싶은 삶의 답은 내게 주어진 소명을 찾는 일에서 찾을 수 있다. 서점가에는 나의 소명을 찾는 일의 중요성을 강조하는 책들이 많이 나와 있는데, 그중에서 내가 특히 좋아하는 말들 몇 가지를 소개하겠다. 다음의 이야기에 귀를 기울이고, 여기에 당신만의 이야기를 덧붙이기 바란다.

1. 외계인이 되어라

당신이 원래 우주 공간을 떠돌아다니던 외계인이었는데, 어느 날 갑자기 지구로 내려와 현재의 몸으로 살게 되었다고 치

사는 게 귀찮다고 죽을 수는 없잖아요?

자. 당신은 외계인이기 때문에 지금의 삶과 관련된 모든 일들이 낯설다.

주변을 둘러보라. 무엇이 보이는가? 당신이 지금 몸을 빌려서 사는 그 사람의 눈에 띄게 멋진 점은 무엇인가? 그는 무엇을 할 때 가장 흥미 있어 하는가? 그는 타인과 어떤 관계를 맺고 있는가? 이런 특징들을 하나하나 세밀하게 살펴라.

모든 것이 새롭고 흥미롭기만 한 외계인으로서, 당신은 이제 막 시작된 새로운 삶에서 제일 먼저 무엇을 할 생각인가? 지금부터 새로운 육체를 이용해서 새로운 삶을 어떻게 멋지게 꾸려나갈 것인가?

이런 생각은 진부한 습관에 길들여진 삶에서 벗어나 세상을 바라보는 관점을 새롭게 정립하는 데 큰 도움을 준다. 외계인이라도 된 듯이 지금 발을 딛고 서 있는 환경을 완전히 새로운 눈으로 바라보면 이전에는 미처 깨닫지 못한 가능성을 발견하게 될 기회가 열릴 것이다.

2. 지금 당장 시작하라

처음 사회생활을 시작했을 때, 나는 주어진 일은 뭐든 멋지게 해치우고 말겠다는 각오로 좌충우돌하며 최고의 실적 쌓기에 혈안이 되어 있었다. 하지만 웬걸, 결과는 늘 제자리였고 그때마다 나날이 작아지는 꿈으로 의기소침해지곤 했다. 그렇게 무엇에도 성공하지 못하고 갈팡질팡하는 일상이 계속되고 있을 때, 선배가 말했다.

"다음 단계를 완벽하게 해낼 수 있는 방법을 찾느라 몇 시간, 며칠, 몇 년을 허비하지 말고 무엇이든 당장 시작해봐!"

그제야 나는 깨달았다. 세상에서 가장 멋진 아이디어를 내놓으려고 이리저리 머리를 굴리고, 일어나지도 않을 일들을 상상하고, 그 일을 해야 하는 완벽한 이유와 하지 말아야 하는 더 완벽한 이유들을 찾으려고 허비한 시간들이라니! 그때 나는 이렇게 소리쳤다.

"이제 생각은 그만하고 행동으로 옮기자!"

앞으로 일이 어떻게 진행될지 정확하게 알 필요는 없고, 그게 가능한 일도 아니다. 괜찮게 느껴지는 것 하나를 골라 그냥 과감하게 시작한 뒤에 느낌이 괜찮은 방향으로 계속 따라가면서 그것이 나를 어디로 이끄는지 확인하기만 하면 된다. 답은 생각이 아니라 행동을 통해 모습을 드러낸다는 사실을 잊지 말자.

내가 현재의 직업인 작가 겸 자기계발 강사라는 소명을 발견한 것은 아이러니하게도 내 인생에서 갈증과 방황이 가장 심한 때였다. 글쓰기가 내 직업이 될지도 모른다는 사실은 항상 염두에 두고 있었지만 솔직히 자신감이 그리 크지는 않았다.

그러던 어느 날 한 친구가 이제 막 시작된 여성들을 위한 자기계발 연구 모임에 참여해보라고 권했다. 그렇게 참여한 모임의 첫날, 참가자들 모두 각자가 앞으로 진행하고자 하는 주제를 가져오게 되어 있었지만 나는 아무 생각이 없었기에 그런 게 없었다. 처음엔 그저 누군가 내놓은 아이디어를 들으면서 나름의 방향을 찾을 수 있게 되기를 바랄 뿐이었다.

그렇게 4주 동안 진행된 연구 모임에서 강의실을 가득 메운 열성적인 여성들을 보며 나도 뭔가 해보고 싶다는 마음이 들었지만 여전히 나만의 아이디어는 떠오르지 않았다. 그만큼 당시의 나는 앞뒤가 꽉 막혀 있는 상태였다.

그러던 어느 날 연구 모임을 진행하는 간부를 찾아가 혹시 진행을 도와줄 사람이 필요하지 않느냐고 물었다. 그렇게 해서 무보수로 연구 모임의 일부 프로젝트를 보조 진행하는 역할을 맡았다. 어떻게든 뭐라도 시작하고 보자는 마음이었다.

그렇게 2년을 보낸 뒤, 나는 그동안의 경험을 바탕으로 직접 자기계발 강사로 활동하게 되었고 점차 여러 도시의 교육 관계자들과 일하게 되었으며, 마침내 내 이름으로 책을 쓰는 수준에까지 이르게 되었다. 내가 그때의 경험에서 배운 점이 있다면 이것이다.

"지금 당장은 앞날이 보이지 않더라도 언젠가 갑자기 받게 될 제안이나 느닷없이 나타날 기회를 놓치지 말아야 한다."

그저 막연하게 가만히 앉아서 기회가 오기를 기다리거나 언젠가 내 실력을 알아봐줄 사람이 나타나기를 기다려서는 안 된다. 괜찮다고 느껴지는 쪽을 향해 당장 첫걸음을 떼고, 그 걸음이 당신을 이끌어가는 대로 움직여라.

3. 관심 분야에 열정을 쏟아라

주위로 고개를 돌리고 다른 사람들이 무엇을 하고 있는지 살펴보라. 누구의 삶이 질투가 나도록 부러운가? 그들이 하는 일 중에 당신도 따라하고 싶은 일은 무엇인가? 그들의 무엇이 그토록 풍요로운 삶을 만들었을까?

당신의 관심을 끄는 사람의 인생을 들여다보면서, 그렇게 눈길을 끌게 만드는 게 무엇인지 살펴보라. 그들이 세상을 자유롭게 돌아다니기 때문인가? 혼자 일하면서도 풍요롭기 때문인가? 자신의 타고난 능력만으로도 충분히 칭찬받으며 일하기 때문인가?

이런 것들을 구체적으로 살펴보면, 당신이 원하는 삶을 조금 더 세밀하게 그릴 수 있게 된다. 그러기 위해 관련 도서를 읽어보고, 관련 분야에서 일하는 사람들과 얘기를 나눠보라. 나와 동일한 관심사를 가진 사람들이 모여 있는 곳에 가서 시간을

사는 게 귀찮다고 죽을 수는 없잖아요?

보내보라.

이런 식으로 노력하다 보면 얼마 안 있어 다음 단계로 나아갈 방향을 알게 하는 정보를 얻게 되거나 그런 사람을 만나게 될 것이다.

4. 마음속 깊은 곳에 있는 나만의 꿈을 호출하라

당신의 내면 깊숙이 뛰어들어 거기에 숨어 있는 꿈을 따라가 보라. 기차를 타고 가면서 창밖을 내다볼 때, 깊은 밤 잠들기 전에, 지루한 회의시간에 열심히 메모하는 척할 때, 그때마다 가장 자주 떠오르는 생각은 무엇인가?

큰 무대에 올라서 수많은 팬들을 상대로 노래를 부르는 모습인가? 화려한 저택에서 아내와 아이들에게 둘러싸여 행복하게 웃는 모습인가? 아니면 전 세계 곳곳에 수없이 많은 고아원을 지은 공로를 축하받는 광경인가? 이런 상상을 하는 데는 돈이 전혀 들지 않을 뿐만 아니라 이러한 상상은 커다란 기쁨을 안겨주는 꿈과 희망에 관한 것들이기에 아무리 오랜 시간 몽상에 빠져도 물리지 않는다.

우리가 품고 있는 꿈은 자신이 어떤 사람이고, 얼마나 멋진 생각을 하고 있는지 확실하게 들여다볼 수 있는 상자와 같다. 그것은 또한 아무리 현실과 동떨어지고 터무니없어 보이는 꿈

일지라도 자신에게 무엇이 의미 있는 삶인지를 보여주는 거울
과 같다.

우리는 살면서 내면 깊숙이 숨어 있는 꿈과 직접 마주하는
걸 두려워한다. 이유는, 현실적으로 불가능한 것처럼 보이기 때
문이고 그것을 믿는 나를 남들이 어떻게 볼지 두렵기 때문이다.

그래서는 안 된다. 큰 성공을 거두는 사람이 되고 싶다는 꿈
을 일부러 접어두거나 부끄러워하지 말고, 그 꿈을 항상 꺼내들
고 자기 자신에게 보여주어야 한다. 그것이 바로 당신이 원하는
진짜 삶으로 인도하는 비밀지도라는 사실을 잊지 마라.

세상에서 가장 멋진 아이디어를 내놓으려고 머리를 굴리고,
일어나지도 않을 일들을 상상하느라 골치를 앓고,
어떤 일을 해야 할 이유와 하지 말아야 할 이유를 찾으려고
허비한 시간들이라니! 이제 이렇게 결심하자.
"이제 생각은 그만하고, 행동을 시작하자."

—

CHAPTER 07

다른 누구도 아닌
나 자신으로
살아야 한다

—

설탕물 한 잔을 먹으려면
설탕이 다 녹을 때까지 기다려야 한다.
이 말엔 커다란 교훈이 담겨 있다.
내가 기다려야 하는 시간은
마음대로 늘릴 수도, 줄일 수도 없는
상대적이고 절대적인 것이라는 사실이다.

_앙드레 지드 André Gide

사막의 한복판에서
야생의 남자를 만나다

해마다 5월이면 친구들과 유타 주 남부에 있는 불모의 사막 지대로 배낭여행을 간다. 지도엔 '모아브 사막Moab Desert'이라고 되어 있지만, 우리는 그것을 그냥 '피난처'라고 부르곤 한다. 1년 동안 도회지에서 살아내느라 찌들대로 찌들어버린 육신을 그곳에서 며칠 지내는 동안 말끔히 씻어낼 수 있으니 피난처라는 단어보다 더 좋은 표현도 없을 것이다.

광활한 모래언덕 너머로 검붉은 색깔의 바위산들이 삐죽삐죽하게 튀어나와 있고, 색색의 사암 탑이 사탕으로 만든 조각상처럼 쭉 뻗어 있는 그곳은 내가 가본 모든 장소들 가운데 가장 특별하다.

우리는 길도 없는 모래밭 깊숙한 곳까지 걸어 들어가서 적당한 곳에 텐트를 치고, 이틀 밤낮을 보내고 돌아오곤 한다. 우리는 끝도 없이 펼쳐진 모래밭을 오랫동안 걷다가 돌아오곤 하지만, 대개는 텐트 주변에 죽치고 앉아 노래와 술과 수다를 펼치며 시간을 보낸다. 그러고 나서 우리는 저마다 산타클로스 할아버지한테 선물을 한 아름 받은 기분으로 도회지로 돌아온다.

재미있는 사실은, 우리가 지난 10년 가까이 이곳에서 야생을 경험하면서 마주친 사람이 열 손가락에 꼽을 만큼 적다는 것이다. 그나마도 우리처럼 야생을 온몸으로 경험하고 싶어서 찾아온 사람들일 뿐, 그곳에서 살고 있는 사람을 만나본 경우는 없었다.

그런데 지난해 우리 일행이 그곳에 다시 갔을 때 이변이 일어났다. 우리 팀이 야영할 수 있는 장소를 찾기 위해 선발대로 갔던 친구가 그곳에서 살고 있는 것 같은 야생의 남자를 목격했다고 말한 것이다. 물론 우리는 그 말에 머리를 흔들었다. 그토록 거칠고 척박한 황무지에서 생존해나간다는 게 말이 안 되었기 때문이다. 하지만 선발대 친구는 이렇게 말했다.

"이곳으로 오는 도중에 그 남자를 만났어. 허리엔 중요 부위만 가리는 작은 천 조각 하나를 두르고 머리띠를 했더군. 그리고 손에는 창을 들고 있었어. 벌써 13년째 여기서 지내고 있다고 했어."

"그 사람이 어디 있는데?"

"다람쥐 덫을 보러 간다고 했어. 분명히 다시 올 거야."

선발대 친구는 허풍스러운 사람이 아니고, 농담을 즐기는 타입도 아니었다. 그런데도 무척이나 진지한 표정으로 이런 말을 하니 뭔가 있기는 있나 보다 했다. 그렇더라도 워낙 뜬금없는 말인지라 우리는 금세 그 말을 잊어버리고 텐트를 조립하는 일

사는 게 귀찮다고 죽을 수는 없잖아요?

에 몰두했다.

그런데 얼마 뒤 허리를 구부리고 텐트의 말뚝을 박고 있는데, 누군가 땅바닥을 쿵쿵 울리며 우리 쪽으로 걸어오는 소리가 들렸다. 얼른 돌아보니 그 사내였다. 온통 햇볕에 그을린 상체와 중요 부위만 살짝 가린 네모난 조각 말고는 아무것도 걸치지 않은 몸, 죽은 다람쥐의 꼬리를 쥐고 있는 주먹이 유난히 커 보였다.

30대 중반쯤으로 보이는 그 사내는 무성하게 자란 갈색머리와 덥수룩한 턱수염, 그리고 온몸이 근육으로 뭉쳐진 모습으로 우리 앞에 우뚝 섰다. 우리는 그만 할 말을 잃은 채 그를 멍하니 바라보기만 했다. 벌써 13년째 홀로 야생의 삶을 이어가고 있다는 사내가 내뿜는 포스가 너무도 강렬했기 때문이다.

그러다 나는 그렇게 멋진 외모 탓에 오히려 그가 조금은 의심스럽다는 생각이 들었다. 게다가 완벽한 네모조각으로 재단된 아랫도리 가리개는 이 협곡에 사는 토끼의 가죽이 아니라 이탈리아제 명품 가죽인 것 같았다. 가만히 보니 그의 모든 게 전부 지나치게 상투적이라는 느낌이 들었다. '그냥 반바지를 입으면 안 되는 걸까? 죽은 다람쥐를 정말로 먹을 생각인 걸까?'

그런 의심에도 불구하고 나는 동료들을 따라 그 사람 주변으로 가서 야생으로 살아가는 남자의 이야기를 귀담아들었다. 그는 우리가 던지는 모든 질문 하나하나에 친절하게 답하면서, 이곳 부근에 있는 협곡 몇 개를 자신의 거처로 삼고 있다고 했다.

"현대사회가 너무 잘못된 방향으로 가고 있어서, 모든 걸 거부하고 자연이 제공하는 것들만 이용해서 살겠다고 결심했습니다. 여름이면 겨울에 대비해서 곡식을 저장해 두는 동굴을 따로 마련하고, 밤이 되면 저만의 침실이 있는 작은 동굴에서 잠을 잡니다."

그가 날카로운 돌로 덥수룩한 머리카락을 싹둑 자른다거나 완전히 벌거벗은 채 지낼 때도 있다고 말하는 것보다 더 놀라웠던 점은, 그런 사실들을 전혀 부끄럽게 여기지 않는 그의 당당한 태도였다.

우리는 그가 침대보로 사용할 사슴 가죽을 얻으려고 몇 날 며칠 활과 화살을 깎았다고 설명하는 동안, 우리가 신고 있는 값비싼 하이킹 부츠와 자외선 차단용 옷들이 우스꽝스럽게 여겨졌다.

그가 우리에게 작별을 고하고서 죽은 다람쥐를 장난감처럼 앞뒤로 흔들며 걸어가는 모습을 한참 동안 지켜보노라니, 문득 부럽다는 생각이 들었다. 그는 오늘은 무엇을 놓치고 있는지, 내일은 뭘 해야 할지, 도시에서 온 여자들이 그의 아랫도리 가리개를 보며 무슨 생각을 하고 있을지 뻔뻔스러울 정도로 전혀 신경 쓰지 않았다.

그는 인적이라곤 없는 사막에서 원하는 삶에 충실하면서 현재를 즐기고 있었다. 나는 사막의 그 사내와 도회지의 우리가 다른 점은 바로 그것이라고 생각했다. 그는 자기의 본래 모습에 충실하며 그 자신으로 살고 있지만, 우리는 그러지 못한다는 것……. 그가 사막에서 어렵사리 잡은 작은 다람쥐 하나에 만족하고 있을 때, 우리는 더 크고 많은 것을 손에 넣으려 안달한다는 사실이 너무 우스웠다.

자연과 호흡하는
습관을 갖자

도시에 살면서 자연과 호흡하는 습관을 갖기란 힘들다. 하지만 도시의 찌든 때를 털어버리기 위해 노력하는 것은 가능한 일이니 정기적으로 산이나 바다를 찾는 습관을 갖자. 거기서 어제까지와는 전혀 다른 공기를 마시고, 신선한 바람에 온몸을 맡기자.

내가 아는 많은 성공자들이 이런 습관을 가지고 있다. 특히 피나는 생존경쟁을 벌여야 하는 벤처기업의 경영자들이 그렇다. 어떤 이들은 1년에 한 번은 반드시 여행가방 하나만 달랑

들고 남아메리카의 오지 탐험에 나서고, 어떤 이는 자동차 하나에 의지해서 미국 대륙을 종횡으로 누비는 경우도 있다.

회사 근처에 작은 거처를 마련해두고 어릴 적 꿈인 조각에 매달리는 경영자도 있고, 한 달에 한 번은 고향마을 아마추어 야구팀에서 하루 종일 야구를 즐기는 경영자도 있다.

자연과 호흡하기 위해 반드시 야생의 남자처럼 사막 한 가운데로 갈 필요는 없다. 자기 형편에 맞는 단순하고 소박한 공간을 만들어두자. 딱히 공간이 아니라도 여백의 시간을 마련해두자.

이렇게 소박하면서도 단출한 자기만의 힐링 캠프를 만드는 것도 기분전환에 더 없이 좋다. 무엇에도 속박되지 않고 최대한의 자유를 만끽할 수 있는 공간이 있다는 사실만으로도 행복하지 않겠는가.

자기 형편에 맞는 단순하고 소박한 공간을 만들어두자.
딱히 공간이 아니라도 여백의 시간을 마련해두자.
소박하면서도 단출한 자기만의 힐링 캠프를 만들어두면,
무엇에도 속박되지 않고 최대한의 자유를 만끽할 수 있는
공간이 있다는 사실만으로도 얼마나 행복하겠는가.

CHAPTER 08

보이지
않는 것을
믿기 시작하면

인간은 생각의 도구를 이용해서
기쁨과 불행을 만든다.
그가 남몰래 생각하는 동안 모든 일이 움튼다.
따라서 그가 현재 처해 있는 환경은
그의 지나온 삶을 들여다볼 수 있는
훌륭한 거울이다.

_제임스 알렌 James Allen

생각이라는
강력한 무기를 믿어라

영국의 철학자 제임스 알렌James Allen은 인간이 가진 생각에 관해 이렇게 말했다.

"인간의 정신은 새로운 것을 계속 만들어내는 강력한 힘을 가지고 있다. 생각은 인간이 가진 가장 강력한 도구다."

이 말은 우리가 저마다의 생각을 무기로 현실을 창조한다는 뜻으로, 지금 당신을 둘러싸고 있는 모든 것들은 과거에 당신이 생각했던 것들의 산물이라는 말이기도 하다.

이렇게도 말할 수 있다. 자기의 생각을 통해 지금 존재하는 현실을 만들어냈다는 말은, 결국 생각의 힘을 이용해서 현실을 바꿀 수 있다는 뜻이기도 하다고 말이다.

따라서 지금 당신이 처한 현실이 어떤 모습인지보다 더 중요한 사실은, 당신이 앞으로 되고자 하는 모습이다. 내가 이렇게 말하자 허탈한 웃음과 함께 이렇게 말하는 사람이 있었다.

"나는 지금 변두리 허름한 집에서 플라스틱 숟가락으로 참치 캔이나 퍼먹고 있는데 이게 내게 주어진 현실이 아니라고요? 당신 말은 그럼 내가 빌 게이츠 같은 재벌이랑 수영장에서 어울리는 꿈이 현실이 될 수 있다는 뜻인가요?"

당신이 정말로 세계의 재벌과 수영장에서 어울리고 싶어 하고, 그 꿈을 이루기 위해 열성을 다하면서 거기에 필요한 행동을 취해나간다면 그것이 현실이 될 확률이 높다.

하지만 문제는, 당신이 변두리 허름한 집에서 플라스틱 숟가락으로 참치 캔을 퍼먹고 있는 삶을 온당한 일로 받아들이면서 불평불만을 일삼고 있다는 점이다. 자기 자신에게 더 할 수 없이 야박한 점수를 주면서 마음 한편으로는 빌 게이츠와 함께하기를 원하는 모순으로는 그런 꿈을 절대 이룰 수 없다. 제임스 알렌은 이렇게 말한다.

"아직 눈에 보이지 않는 것을 대담하게 믿기 시작하는 순간부터 당신이 머물고 있는 현실이 바뀌기 시작할 것이다."

먼저 생각을 바꿔야 눈에 보이는 증거가 나타난다는 충고가 우리에게 던지는 메시지는 참으로 의미심장하다. 우리의 가장 큰 실수는 이것과는 반대로 하는 데 있다.

우리는 무엇을 진실이라고 믿기 전에 증거부터 보여달라고 요구한다. 그런 증거는 아직 보이지 않는 곳에 있는데 보이지 않으면 믿을 수 없다고 말하며 등을 돌려버린다. 이제는 원하는 모든 것들이 이미 분명한 모습으로 여기 있다고 믿어라. 그 믿음을 무기 삼아 끊임없이 기회를 찾아라.

내 친구 중에 한 명은 와인의 성지라 불리는 이탈리아 중부

사는 게 귀찮다고 죽을 수는 없잖아요?

토스카나에 갔다가 어느 거리에서 때마침 팔려고 내놓은 집을 보게 되었다. 당시 바텐더로 일하면서 시를 쓰고 있던 그녀는 토스카나에 별장을 사는 건 고사하고 이탈리아까지 가는 비행기 티켓을 살 돈도 간신히 구한 형편이었다.

하지만 그 집을 한 번 둘러보고는 홀딱 반해버렸다. 그녀는 여기가 자신이 살 집이라는 사실을 즉시 깨달았지만, 은행계좌에 먼지만 잔뜩 쌓여 있다는 사실도 함께 떠올랐다. 그래도 어쨌든 주인에게 미국으로 돌아가 집을 구입할 방법을 찾아 연락할 때까지 제발 다른 사람에게 팔지 말아달라고 신신당부했다.

그녀는 집으로 돌아오면서 자신이 완전히 미친 게 아닌지 모르겠다고 생각했지만, 그래도 여전히 마음을 바꾸지 않은 채 주위 사람들에게 혹시 그 집을 구입할 수 있는 멋진 아이디어가 없겠느냐고 묻고 다니기 시작했다.

하지만 그녀는 이내 사람들이 보내는 요란스러운 경고음에 파묻혔다. 다른 나라에 가서 산다는 건 엄청나게 힘들 뿐만 아니라 큰 책임이 따르는 일이다. 이탈리아 시민권은 고사하고 이탈리아어를 단 한 마디도 못하지 않느냐, 땡전 한 푼 없이 무엇을 하겠다는 것이냐 등등……. 그럼에도 그녀는 밀고 나갔다. 의지를 가로막는 모든 증거들에도 불구하고 그녀는 그곳이 운명이라고 믿었기 때문이다.

어느 날 한 친구가 기막힌 아이디어를 내놓았다. 집을 살 돈을 모으는 동안, 그 집을 임대하면 어떻겠느냐는 제안이었다. 요컨대 내 친구가 임대한 후에 타인에게 재임대를 하는 방식으로 그 집을 일단 잡아놓고, 집값을 구하자는 발상이었다. 집을 빌리는 사람은 1년치 집세를 미리 내게 되어 있으니, 집주인은 그녀가 목돈을 마련할 때까지 임대하면 되는 것이다.

이제 남은 문제는 이런 방식을 집주인이 받아들이는 것이었다. 어찌 되었을까? 집주인은 그녀의 열정적인 설득에 껄껄 웃으며 응낙했고, 그녀는 그로부터 3년 만에 그 집의 완벽한 주인이 되어 지금은 토스카나에서 유명한 게스트하우스로 운영 중이다.

앨버트 아인슈타인Albert Einstein은 삶을 변화시키고 싶다면 자신의 생각을 제대로 파악해야 한다면서 이렇게 말했다.

"당신이 만들어낸 세상은 곧 당신의 생각이 지나온 과정의 산물이다. 따라서 생각을 바꾸지 않으면 세상도 바꿀 수 없다."

이제부터 당신을 둘러싼 세상을 바꾸려면 무엇이 가장 필요한지 알아보자.

1. 그런 척 행동하라

원하는 것이 있으면 마음으로는 거부감이 들더라도 실제로

사는 게 귀찮다고 죽을 수는 없잖아요?

손에 넣은 것처럼 행동하라. 빌 게이츠와 함께 수영장에서 운동을 하고 싶다면, 그런 일이 반드시 생길 것이라고 스스로에게 말하고 그런 장면을 항상 상상하고 꿈꿔라.

마치 지금 그 일이 벌어지고 있는 것처럼 행동하면 당신의 몸과 마음은 어느새 그쪽으로 줄달음치게 될 것이다. 이미 원하는 삶의 주인공인 것처럼 행동하라! 그런 일상을 착실히 반복해나가면, 언젠가는 빌 게이츠가 부럽지 않은 위치에 와 있는 자신을 발견하게 될 것이다.

2. 주변 환경을 업그레이드하라

지금보다 더 나은 라이프스타일을 바라고 있음에도 현실은 당장이라도 무너질 듯한 집에서 살고 있다면 아무리 강심장이라도 당당하고 자신감 넘치는 생각을 유지하기 힘들다. 따라서 변화된 자기 모습을 상상하는 것 말고도 현재 머물고 있는 환경을 업그레이드하기 위해 할 수 있는 일들을 다해야 한다.

집안을 밝은 색깔로 칠하고, 깨끗이 청소하라. 새 가구를 사거나 지금 있는 가구를 깨끗이 수리하라. 잡동사니를 내다 버리고 통풍을 시켜서 신선한 공기가 집안에 가득하도록 만들어라. 벽에는 마음을 어루만지는 그림을 걸어놓고 자주 바라보는 것도 잊지 마라. 주변 환경을 바꾼다는 것은 그동안 머물러온 삶의 방식을 바꾼다는 것으로, 이것이 새로운 라이프스타일을 만드는 출발점이다.

3. 마음속 비전을 분명한 이미지로 만들어라

성공자들이 이구동성으로 하는 말이 있다. 미래에 꼭 실현시키고 싶은 일을 분명한 이미지로 그려서 머릿속을 꽉 채우면 삶이 그런 방향으로 진행된다는 것이다. 머릿속에 이미지를 그려놓으면 행동을 조종하는 생각 에너지가 그것을 실현시키기 위해 작동하기 시작한다는 이야기다.

쉬운 실행법이 하나 있다. 자신이 원하는 장소, 원하는 사람이나 물건, 원하는 경험과 관련된 사진들을 집안에서 언제든 볼 수 있는 공간에 붙여놓아라. 침실의 벽, 주방의 식탁 옆, 화장실 등 어디라도 좋고, 많을수록 좋다. 그렇게 하면 단순한 상상 이미지에서 머릿속에 단단히 고착되는 그림으로 새겨진다. 이런 방법은 소름끼칠 정도로 놀라운 결과를 낳지만 방법이 대단히 쉽다는 점에서 더 놀랍다.

4. 생각을 공유하는 사람들과 어울려라

항상 불평불만을 늘어놓는 사람이나 매사에 비관적인 눈으로 세상을 보는 사람, 세상의 그늘 속에 숨어 지내는 사람, 현실

사는 게 귀찮다고 죽을 수는 없잖아요?

도피자, 인생은 불공평하다고 투덜대는 사람들과 어울리다 보면 긍정적인 사고방식을 유지하기 힘들다.

진심으로 성공을 원한다면 마음이 편협하고 세상을 보는 눈이 턱없이 남루한 사람들을 멀리하고, 자신의 가능성을 믿고 미래로 힘차게 달려나가는 사람들과 어울려라.

과감한 계획을 세우고 쉴 새 없이 행동하는 사람, 자기 삶을 긍정적인 방향으로 변화시키기 위해 부지런히 움직이는 사람, 자기 능력으로 할 수 없는 일은 솔직하게 받아들이고 새로운 길을 모색하는 사람들을 만나라.

지금 함께하는 친구나 동료 중에 그런 사람이 없다면 과감히 밖으로 나가 새 친구를 사귀어야 한다. 누구를 만나고 싶은지 분명하게 정한 뒤에 그 사람을 가까이 하기 위해 노력해야 한다.

원하는 일이 있으면 마음으로는 거부감이 들더라도
실제로 손에 넣은 것처럼 행동하라.
그러면 몸과 마음은 어느새 그쪽으로 줄달음치게 될 것이다.
성공이란 원하는 삶의 주인공인 것처럼 행동하며
그런 일상을 착실히 반복해나가는 사람에게
뒤따르는 보상 같은 것이다.

PART 3

내 삶의 금맥은
어디에 있는가?

—

CHAPTER 09

젊은 날의
자신과
이별하지 마라

—

사람의 진가가 발휘될 때는
원하는 역할을 할 때가 아니라
운명이 부여하는 역할을 능숙하게 해낼 때다.
그렇기에 감당하기 어려운 운명이라도
기꺼이 감당하는 사람이어야
성공에 이를 수 있다.

_바츨라프 하벨 Vaclav Havel

내가 가장 잘할 수 있는 일은
무엇인가?

젊음의 한복판에 있을 때는 어른다운 삶을 추구하기 위해 능력 이상의 것을 저질러보게 된다. 그때는 아직 실패 경험이 그리 많지 않고 삶의 무게에 짓눌린 상태도 아니기에 잘못되면 어쩌나 하는 걱정 따위는 아예 없다.

그 무렵의 나도 그랬다. 함부로 일탈을 일삼는 친구들과 도시의 위험지역을 쏘다니기도 하고, 기차표도 없이 몰래 열차에 올라타고 목적지도 정하지 않고 무작정 여행을 다녔다. 그때는 청춘이 제공하는 낭만을 추구하는 게 삶의 최우선 순위였고, 다음에 벌어질 문제에 대해서는 도통 관심이 없었다.

지금의 내 직업인 저술가의 길로 들어설 때도 마찬가지였다. 나는 주위를 돌아보지 않는 무모함으로 덤벼들었고, 맹목적일 만큼 열심히 뛰어다녔다. 나는 이런 말을 들으면 머리를 갸우뚱한다.

"내가 지금 아는 것들을 그때 알았더라면, 과연 내가 그 일을 했을지 확신이 가지 않는다."

이 정도로 변변찮은 태도를 보일 거라면 예전에 몰랐던 것을 다행으로 여겨야 하지 않을까? 지금 아는 것들을 그때는 몰랐기 때문에 새로운 세상에 뛰어드는 모험을 강행할 수 있었기 때문이다.

우리는 흐르는 세월과 함께 경험이 쌓이면 보다 안정적인 삶을 추구하기 위해 마음속 목적과는 한참 거리가 있는 삶을 택한다. 그러면서 이렇게 말한다. 인생을 흥미진진한 모험으로 여기는 것은 젊은 시절의 몫이고, 나이가 들면 많은 걸 포기하고 현실에 더 깊이 뿌리를 내려야 한다고…….

이렇게 살면 너무 따분하지 않을까? 젊었을 때의 일탈행위를 다시 저지르라는 게 아니다. 나는 지금 평범한 일상에 안주하지 말고 계속해서 자신의 형편과 나이에 맞는 꿈을 추구해야 달콤한 인생이 펼쳐진다는 이야기를 하고 있다.

나이를 먹을수록 삶의 긍정적인 부분에 더 집중해야 하고, 아무리 자기 뜻에 반하는 일이 생기더라도 집중력을 잃지 말고 자기만의 길을 가야 한다. 이렇게 하기 위해서는 내면에 도사리고 있는 젊은 날의 자신과 다시 만나야 한다. 사람은 예전에 살던 방식을 통해 지금 많은 것을 배울 수 있기 때문이다. 과거를 한번 돌아보라. 최상의 컨디션으로 활기차게 지냈던 때가 언제인가? 결과를 걱정하지 않고 흥미롭다는 이유만으로 뭔가에 집중한 적은 또 언제인가?

아침에 일어나서 일을 시작할 때까지 기다리기가 힘들어서 몸이 근질거린 적은 언제였고, 그 일은 무엇이었는가? 살면서 뭔가에 제일 열광했던 때는 언제이고, 그 일에서 무엇을 느끼고 배웠는가? 그때를 기억하면서 나이나 환경에 관계없이 여전히 도전하는 삶을 살기 위해 무엇을 하면 좋을지 몇 가지 사항을 체크해보자.

1. 가장 잘할 수 있는 일이 무엇인지 확인하라

미래를 제대로 살기 위해 제일 중요한 일은 지금까지 살아오면서 가장 잘한 일이 무엇인지 돌아보고 그것을 이뤄낸 원동력이 무엇인지 아는 일이다. 그런 다음, 여기서 건져 올린 자산들을 미래를 여는 무기로 삼는 것이다. 자신의 무기를 믿으면 미래에 대한 두려움보다 그것을 뛰어넘겠다는 각오가 더 커진다. 주어진 운명에 불평하지 않고 용감하게 발걸음을 옮기는 사람들이 더 많음을 기억하라.

2. 지금 하는 일에 집중하라

어떤 일에 집중해 있다가 문득 정신을 차려보니 시간이 훌쩍 지나간 적이 있는가? 그때 기분이 어땠는가? 살면서 그런 일이 얼마나 자주 있었는가? 지금 하고 있는 일에 푹 빠져서 잠시 시간감각이 무뎌졌다면, 당신은 성공으로 가는 걸음을 뗀 것이라고 볼 수 있다. 삶이 무작정 주변 환경에 끌려다니지 않도록 자신이 좋아하는 일에 집중하는 것을 최우선순위로 삼아라.

3. 초심을 잃지 마라

나는 스무 살 무렵에 친구들과 밴드를 조직해서 활동한 적이 있다. 하지만 그 팀은 말이 밴드지 음악성이나 연주 실력에서 밴드가 갖춰야 할 기본을 거의 갖추지 못한 얼치기들이었다. 그 시절의 나처럼 악기 연주법도 제대로 모르면서 밴드에 참여할 경우의 가장 좋은 점은 실력이 형편없다는 걸 스스로 알기 때문에 주변의 시선에 신경 쓰지 않는다는 것이다.

그러다 차츰 연주법을 익히고 실력이 향상되면 그때부터는 엄청나게 진지해져서 스스로에게 사사건건 비판적인 태도를 보이면서 엄격하게 굴게 된다. 그러면 예전처럼 재미를 느끼기 힘들다. 따라서 이렇게 말할 수 있다.

지금 하는 일에 별로 즐거움을 느끼지 못한다면 하루 빨리 초심으로 돌아가라. 그리고 초심을 잃는 순간 망가지는 것은 순식간이라는 사실을 잊지 마라.

4. 끈질기게 매달려라

미국에서 손꼽히는 명문대학 졸업생 2,500명을 대상으로 졸

사는 게 귀찮다고 죽을 수는 없잖아요?

업 후 20년 동안의 사회생활을 추적한 연구 보고서가 있다. 대부분 40대 초중반의 연령대를 이루는 그들은 대학을 졸업하고 사회에 나와 어떻게 살고 있을까? 세상이 흔히 말하는 성공이라는 타이틀을 부여하기에 마땅한 삶을 살고 있을까?

결과는 놀라웠다. 명문대학을 다녔으니 두뇌는 당연히 뛰어날 테고 사회적 배경 또한 대단하므로 대부분 자기 분야에서 최고 위치에 섰을 거라는 일반의 예상을 깨고 성공자라고 불릴 만한 자리에 선 사람은 30퍼센트도 채 안 되었기 때문이다. 나머지 70퍼센트는 대부분 지극히 평범하거나 평균 이하의 생활을 하고 있었다.

연구자는 여기서 한 걸음 더 들어가 보았다. 그렇다면 성공자와 그렇지 못한 사람들을 가른 요소는 무엇일까? 즉 성공한 사람들은 여느 사람들에 비해 무엇이 달랐기에 20년 뒤에 70퍼센트의 사람들과는 전혀 다른 길을 걷게 되었을까?

많은 요인들이 있을 테지만, 연구자는 결론의 하나로 '끈질김'이라는 뜻을 가진 'persistent'라는 말을 들었다. 끈질김의 사전적 의미는 '끈기 있게 오래 끌거나 견디는 힘이 매우 세다'는 뜻으로, 그들이 성공적인 삶을 사는 이유는 뛰어난 두뇌나 남다른 사회적 배경과 전혀 상관없이 자기 분야에서 끈질기게 매달렸기 때문이다.

나머지 70퍼센트는 자신의 능력만을 믿고 끈질김과는 거리가 멀게 태만하거나 방종하게 살았고, 그로 인해 40대 초중반에 이미 성공과는 거리가 먼 삶을 살고 있었다. 오늘 이 시간에도 성공을 꿈꾸며 미래를 향해 달리고 있을 당신에게 다음과 같은 연구자의 말을 꼭 전하고 싶다.

"성공이란 결국 끈질기게 매달리는 사람에게 돌아오는 보상이지 뛰어난 두뇌나 사회적 배경은 극히 사소한 문제에 지나지 않는다. 자신의 삶에 얼마나 완강하게 매달리는가, 얼마나 집요하고 열정적인가, 세상의 모든 성공자들은 이런 조건에 부합한 인물이라는 사실을 보여주고 있다."

성공이란 끈질기게 매달리는 사람에게 돌아오는 보상이지
뛰어난 두뇌나 사회적 배경은 극히 사소한 문제에 지나지 않는다.
자신의 삶에 얼마나 완강하게 매달리는가,
얼마나 집요하고 열정적인가, 세상의 모든 성공자들은
이런 조건에 부합한 인물이라는 사실을 보여준다.

—

CHAPTER 10

나눔의 힘을
아는 사람은

—

누구도 모래사장에서
예쁜 조개껍데기를 전부 주워 모을 수는 없다.
그중에 단지 몇 개만 간직할 수 있을 뿐이다.
하지만 수가 적을수록
조개껍데기들은 아름다운 법이다.
행복도 마찬가지다.

_앤 모로 린드버그 Anne Morrow Lindbergh

나눔은 가장 강력한
행복 바이러스이다

어느 날 가족과 함께 자동차를 타고 가다가 다섯 살짜리 조카를 위해 휴게소에 들렀다. 조카는 잔뜩 욕심을 부려 오렌지색 틱택 Tic-Tac 사탕 여섯 통을 계산대로 가져왔다. 어른들이 너무 많다며 설득해도 아이가 하도 욕심을 부리는 통에 그냥 허락했다.

욕심 많은 꼬마에게 남과 나누는 것에 대해 좀 가르칠 생각으로 내가 아이에게 한 통만 달라고 했다. 그러자 아이는 선뜻 한 통을 건네고는 다른 사람들에게도 갖고 싶으냐고 묻고 한 통씩 나눠주었다. 조카는 남은 사탕 세 통을 옆자리에 한 줄로 쌓아올리고는 이렇게 말했다.

"집에 가서 이건 오빠한테 줄 거고, 이건 언니, 그리고 이건 엄마에게 줄 거예요."

이제 자기 몫은 하나도 없는데도 아이는 자리에 앉아 밝게 미소 지었다. 내가 아이의 아빠인 내 남동생에게 어리둥절한 표정을 짓자, 동생은 소리 내지 않고 입술만 움직여서 이렇게 말했다.

"좀 희한한 애야."

남동생과 나는 저만한 아이였을 때 어떻게든 상대방을 괴롭혀서 기어이 울음을 터뜨리게 하는 걸 제일 좋아했다. 짓궂은 장난으로 남을 괴롭히는 걸 즐기는 악동 기질은 거의 모든 아이들이 지니고 있는 특성인데, 이 아이는 대체 나눔의 기쁨을 어디서 배운 걸까?

다섯 살 꼬마가 분명히 알고 있는 것처럼, 나눔은 가장 강력한 효과를 발휘하는 '행복 바이러스'를 퍼뜨리는 일이다. 여기 그런 사실을 온몸으로 보여준 여성이 있다.

그녀는 다발성경화증이라는 난치병을 앓고 있었다. 거의 10여 년 동안 평판이 좋은 병원은 전부 찾아다니며 치료를 받아도 조금도 진전이 없었기에, 그녀는 모든 걸 포기하고 절망적인 마음으로 나날을 보내고 있었다. 그러다 우연히 만난 의사로부터 이상한 치료법을 듣게 되었다.

"앞으로 29일 동안 29가지 물건을 주위 사람들에게 나눠주세요."

그녀는 의사의 말이 너무 황당해서 한동안 무시했지만 증세가 하도 심해서 시험 삼아 한번 도전해보기로 했다. 그래서 그녀는 자신의 물건 중에서 선물하기 좋은 것들을 추려내어 누구에게 선물할지를 정한 다음 이튿날부터 당장 실행에 들어갔다.

날마다 사람들에게 뭔가를 꾸준히 나눠주던 어느 날, 그녀는 문득 자신이 전보다 훨씬 즐겁고 활기찬 나날을 보내고 있음을 알게 되었다. 한 달의 절반이 지날 무렵에는 몸이 예전보다 훨씬 좋아졌고 인간관계도 활기차게 돌아갔다.

그렇게 29일이 다 지났어도 그녀는 멈추지 않고 블로그를 만들어 날마다 이웃사람들에게 뭔가를 나눠주는 운동을 전개했고, 그녀처럼 살기로 결정한 사람들 수만 명이 회원에 가입하여 똑같은 삶을 펼쳐나갔다.

그 뒤, 그녀는 블로그에 담았던 글을 모아 《29개의 선물》이라는 책을 출간했고, 당당히 뉴욕타임스 베스트셀러에 올랐다. 자기 삶에 좋은 일과 느낌을 끌어들이고 싶다면 주변의 모든 사람들에게 멋진 기분을 나눠주어라. 아주 간단하지 않은가? 작은 선물이라도 성의껏 포장해서 건네라. 서로 마음껏 주고받는 나눔의 흐름에 동참할 수 있는 방법을 소개한다.

- 꾸준히 기부하라. 금액은 얼마라도 상관없다. 따뜻한 세상을 만들기 위해 노력하는 기관을 한두 군데 골라 매달 꾸준히 기부하는 것이 중요하다. 습관이 될 만큼 꾸준히 계속해서 기부하다 보면 어느새 나눔의 생활이 자신의 일부가 되는 걸 발견하게 될 것이다.
- 소중한 사람과 나누어라. 세상에서 가장 좋아하고 아끼는 것을 사랑하는 사람에게 나눠주어라. 이때 누가 주었는지 상대

방이 모르게 해야 효과가 더 크다.

- 어려운 상황에 처한 사람을 도와라. 나누는 그 자체로 의미가 있지만, 특별히 곤경에 처한 사람을 돕는 것은 더욱 값지다. 주변을 둘러보고 삶의 무게에 신음하는 사람이 있다면 마음먹은 액수보다 조금 더 많이 나눠주자.

- 악을 선으로 갚아라. 누군가 내게 불쾌하게 굴더라도 상대와 똑같은 수준으로 불쾌하게 행동하지 말고 애정을 담아 배려하라. 이렇게 해서 상대의 수준을 끌어올렸다면, 이 또한 하나의 기부행위가 된다.

- 미소와 칭찬을 아끼지 마라. 햇빛이 누구에게나 따뜻한 빛을 주듯이 사람의 웃는 얼굴도 햇빛과 같이 친근감과 즐거움을 선사한다. 최대한 자주 미소 짓고, 상대가 누구든 칭찬의 말을 먼저 건네라. 당신의 몸과 마음이 이롭게 되는 것은 물론, 주변 사람들까지 이롭게 하는 온갖 경이로운 일들이 일어날 것이다.

자기 삶에 좋은 일과 기분 좋은 느낌을 끌어들이고 싶다면
모든 사람들에게 멋진 기분을 나눠주어라.
작은 선물이라도 성의껏 포장해서 건네라.
상대의 마음을 밝게 하는 멋진 말을 건네라.
늘 먼저 웃고 인사를 건네라.
행복은 바로 여기서부터 시작된다. 아주 간단하지 않은가?

—

CHAPTER 11

사랑합니다
감사합니다

—

누군가에게 기쁨을 주면
자기 자신까지 기쁨이 넘친다.
아무리 작고 사소한 일이라도
다른 사람을 기쁘게 할 수 있다면
우리의 양손에, 그리고 가슴에
기쁨이 가득할 것이다.

_프리드리히 니체 Friedrich Nietzsche

감사하며 살면
바뀌는 것들

어렸을 때 부모님은 우리 형제들에게 이런 말씀을 자주 하셨다.

"전화가 오면 공손하게 자신이 누군지 밝히고, 다소곳이 상대방의 용건을 들어야 한다."

부모님이 얼마나 엄격하게 교육을 시키셨는지, 우리는 아무리 힘든 상황이라도 전화가 오면 벌떡 일어나 마치 안내원 같은 예의 바른 자세로 내가 누구인지, 그분의 용건은 무엇인지 물었다.

그러던 어느 날, 친구네 집에 전화를 걸었다가 그 아이의 전화 받는 태도에 나도 모르게 버럭 화를 냈다. 너무도 무례하게 전화를 받았기 때문이다. 그때 내 생각에 그런 식으로 전화를 받는 것은 심한 욕설을 하는 것과 같았다. 부모님이 우리 형제들에게 행한 엄한 교육의 효과였다.

그러다 그런 식으로 무례하게 전화를 받는 사람이 그 친구 하나만은 아니라는 사실을 알게 되었다. 대부분의 아이들이 일상적인 버릇대로 자유롭게 전화를 받지 우리 형제같이 군인이나 사무원처럼 딱딱하게 전화를 받지 않는다는 사실을 알게 된 것이다.

그래도 우리 형제들은 주위 사람들의 칭찬이 계속되는 것으로 보아 우리 부모님의 교육이 올바르다는 사실을 알았기에 공손하게 전화 받는 태도를 버리지 않았다. 문득, 어릴 때 부모님이 들려준 이탈리아 격언이 생각난다.

"감사하는 태도가 없으면 주위를 가득 메운 경이로운 것들을 제대로 느낄 수 없다."

매사에 감사하는 태도는 단순히 예의 바른 것을 넘어서 우리 주변의 모든 것들과 긍정적으로 소통하는 방법이라는 가르침이다. 나를 둘러싼 모든 것에 진정으로 감사하는 마음을 갖는 것은 자기 삶에 여백이 많다는 의미이자 세상을 따뜻한 눈으로 바라본다는 얘기이기도 하다.

당신을 위해 무엇인가 해준 사람에게 진심으로 감사했을 때 어떤 기분이었는지 기억해보라. 당신은 받은 것에 기뻐하면서 상대에게 감사의 말을 건네고, 상대방은 당신에게 무엇인가 주었다는 사실과 감사 인사를 받은 것에 기분이 좋아졌던 상황을 떠올려보라.

감사하는 마음으로 살아가면 기분이 좋아지기 때문에 인생을 이끌어가는 추진력이 강해지고, 이를 통해 자신의 삶 속에 예전의 기분 좋은 일들과 경험을 더 많이 불러들일 수 있게 된다. 반대로 감사의 마음이 아닌 실망감, 분노, 죄책감, 무감각을

사는 게 귀찮다고 죽을 수는 없잖아요?

고집한다면 세상과 소통하는 주파수가 낮아져서 형편없이 무기력한 삶이 따른다.

감사하는 마음이 정말로 강력한 힘을 발휘하는 부분은 따로 있다. 감사하는 마음을 가지면 주변에 그러한 감정을 전하는 과정에서 긍정적인 에너지가 나에게 그대로 돌아온다는 것이다. 월리스 워틀스Wallace Wattles는 《부자가 되는 과학적인 방법》이라는 책에서 이렇게 말한다.

"감사하는 마음이 없으면 살아가면서 결정적인 순간에 더 큰 힘을 발휘할 수 없게 된다. 우주로부터 쏟아지는 강력한 에너지와 계속 연결시켜주는 것이 바로 감사의 마음이기 때문이다."

원하는 것을 도저히 가질 수 없을 거라는 우울한 생각을 자기 삶에 기적이 찾아오리라는 기대감과 맞바꾸기 위해 꼭 필요한 훈련법을 소개한다.

1. 긍정의 눈이 필요하다

짜증나는 일이 생길 때마다 그 뒤에 도사린 긍정적인 부분을 바라보면서, 그것이 오히려 내게 이로움을 주게 되는 이유를 하나하나 찾아보라.

"아이들을 태우고 집에 돌아가는 길에 타이어가 펑크 났지만 오히려 잘된 일이었다. 예상치 않은 상황이 발생했을 때 어떻게 대처해야 하는지 아이들에게 보여줄 수 있었기 때문이다. 게다가 펑크 난 타이어를 고치러 자동차 정비소 직원이 올 때까지 기다리는 동안 아이들과 대화를 나누며 오랜만에 의미 있는 시간을 보냈다. 또 아들이 학교에서 왕따를 당한다는 사실도 그때 알았다."

초등학생인 아들을 둔 40대 남자가 내게 보낸 이메일의 일부 내용이다. 이런 식으로 낯선 상황을 긍정적으로 바라보는 연습을 꾸준히 하면 생각보다 훨씬 쉽게, 훨씬 많은 일들에서 감사의 마음을 느낄 수 있다.

살면서 겪게 되는 힘든 일들의 부정적인 부분에만 집중하면 몸과 마음은 더 많은 부정적인 요인들을 끌어들이게 된다. 그러지 말고, 자기 삶에 속한 모든 것들에 감사하는 방법을 찾으면 더 많은 긍정적인 요인들이 생기게 된다.

2. 나에게 감사의 편지를 써라

매일 밤 잠들기 전에 그날 있었던 일들을 돌아보면서 감사할 수 있는 일 열 가지를 써보자. 정원에 핀 예쁜 꽃, 내 심장이 여전히 건강하게 뛰고 있다는 사실, 우리 집에 찾아와서 1시간이나 수다를 떨어준 친구 덕분에 깨달은 삶의 소소한 즐거움 등 무엇이든 목록에 포함될 수 있다.

하루 중에 자신을 둘러싸고 있었던 일들을 되짚어보면서 더 깊이, 그리고 더 많이 감사할 수 있는 부분을 찾으면 세상과 통하는 주파수를 최대한 끌어올리는 좋은 방법이 된다.

3. 나만의 취미생활을 즐겨라

며칠에 한 번이라도 마음의 문을 활짝 열고 신선한 공기가 유입될 수 있도록 색다른 취미를 갖자. 그림, 사진, 악기, 노래, 운동 등 무엇이든 좋고 잘하지 못해도 상관없다.

회계사로 일하는 내 친구는 복잡하고 짜증나는 숫자의 틀에 박혀 사느라 지친 심신을 치유하기 위해 연필소묘를 배웠고, 스케치북에 쓱쓱 그리는 게 취미가 되었다고 말했다. 그런가 하면 베이스기타를 배워 일주일에 한 번씩 마을의 밴드에서 연주하는 친구도 있다.

우리의 정신세계엔 자신도 모르는 사이에 쌓인 스트레스라는 이름의 찌꺼기들이 가득하다. 이를 때맞춰 털어내지 않으면 언젠가는 만성적인 질병이 생겨 심신을 고통에 빠뜨린다. 그러면 감사하는 마음은커녕 세상을 원망하는 마음만 가득 쌓여 숨을 쉴 수 없게 된다. 이를 방지하기 위해 그때그때 말끔히 해소하는 습관을 갖자.

4. 온몸을 가동해서 행하는 일을 찾아라

매사에 부정적인 생각에 집착하면서 세상이나 남의 탓을 하는 습성에 젖어 있는 사람들에겐 공통적인 특징이 하나 있다. 자기 몸을 직접적으로 사용하는 일에 서툴거나 아예 몸을 움직이지 않는 게으름뱅이들이라는 점이다.

게으름이 몸에 배어 있기에 그들의 행동반경은 좁을 수밖에 없고, 생각의 범위 또한 자기가 만들어놓은 울타리 안에만 머물러 있다. 평생을 이런 식으로 살면 울타리 밖의 세상이 얼마나 큰지 알 수 없다. 편협한 우물 안의 개구리가 되는 것이다.

이제부터 자신의 몸을 직접적으로 사용하는 습관을 갖자. 온몸을 가동해서 행하는 일일수록 좋다. 농사, 목공, 원예, 등산 등 몸을 사용해서 땀을 흘리다 보면 세상엔 감사할 일이 아주 많다는 사실을 알게 된다.

매사에 감사하는 태도는 단순히 예의 바른 것을 넘어서
주변의 모든 것들과 긍정적으로 소통하는 최고의 방법이다.
나를 둘러싼 모든 것에 진정으로 감사하는 마음을 갖는 것은
자기 삶에 여백이 많다는 의미이자
세상을 따뜻한 눈으로 바라본다는 얘기이기 때문이다.

CHAPTER 12

용서하지
앉으면
곪아 터진다

과거를 바꾸는 일은 불가능하다.
현재를 바꾸는 것도 쉽지 않다.
하지만 과거의 실패와 실수로부터
교훈을 얻음으로써
내일을 바꾸는 일은 얼마든지 가능하다.

_웨인 앨린 루트 Wayne Allyn Root

이제 그만 털어버리고
앞으로 가라

가장 최근에 육체적으로 격렬한 고통을 느낀 적은 언제인가?
고통을 멈추기 위해 무엇을 어떻게 했나? 얼마나 참고 있다가
그런 조치를 취했는가?

육체적인 고통을 느끼게 되면, 우리는 그것을 당장이라도 멈
출 방법을 알아내기 위해 필사적으로 애를 쓴다. 팔에 상처를
입으면 따끔거리는 소독약을 들이붓거나 피부를 꿰매는 고통
을 감내하면서 당장 치료를 택하는 식으로 말이다. 그렇게 고통
을 완화하려고 온정신을 집중하는 이유는, 눈에 보이는 고통이
통증을 더 심하게 만들기 때문이다.

이에 비해, 정신적인 고통에는 어떻게 대처하는가? 자신이
얼마나 큰 고통을 견뎌낼 수 있는지 시험이라도 하려는 듯이
죄책감, 수치심, 분노, 증오, 자기혐오에 젖은 채 평생을 견디는
사람들이 얼마나 많은가. 그들이 무수한 시간을 허비하면서 스
스로를 물어뜯으며 쓰레기 같은 감정에 매달리는 이유는 무엇
일까?

그들이 필사적으로 움켜쥐고 있는 것들의 대부분은 지난날
에 벌어졌던 어떤 일이다. 과거에 매달린다고 해서 있었던 사실

이 바뀌는 것도 아니고, 없었던 사실이 새로 생기는 것도 아닌데 악착같이 매달리고 있다.

무엇이 필요할까? 바로 용서다. 과거를 용서하고, 거기서 생겨난 부정적인 감정을 털어버리겠다고 결심한 순간 자유로운 삶이 펼쳐진다. 용서는 다른 누군가가 아니라 나 자신을 위한 것이며, 용서야말로 고통에서 벗어날 수 있는 가장 현명한 '도망'이다.

용서는 행복이 전적으로 나의 선택에 달려 있다고 선언하는 일이기도 하다. 자신의 마음을 지나간 일에 붙잡아둔 채 그때의 감정에 얽매이기보다 그냥 떠나보내고 새롭게 살겠다고 결심하는 일이기 때문이다.

만약 누군가와 인간관계에 문제가 생기면 그에게 자신의 감정을 솔직히 말한 뒤에, 결과와 상관없이 잊어버려라. 그 과정에서 상대와 더 가까워질 수도 있고, 아니면 영원히 마주하고 싶지 않다고 느끼게 될지도 모른다. 어느 쪽이 되었든 분노와 원한을 잊기로 하면 마음이 한결 자유로워질 것이다.

나의 정당성을 입증하는 일에 집착할수록 삶은 악취 나는 쓰레기더미로 가득해질 뿐이다. 누군가를 용서하는 일이 그 사람을 사면해주는 것이라고 생각하지 마라. 누군가를 용서했을 때 정말로 곤경을 면할 수 있는 사람은 바로 나 자신이기 때문이다. 따라서 용서는 그 누구도 아닌 나 자신에게 친절을 베푸는 행동이다. 진정한 용서를 실천하기 위한 방법을 생각해보자.

1. 연민의 감정으로 대하라

연민과 동정은 다르다. 연민은 다른 사람의 처지를 가련하고 안타깝게 여기는 마음으로, 동정이 직접적인 말과 행동으로 도와주고 싶은 마음이 드는 것이라면 연민은 그 자체의 감정을 가리킨다.

사이가 안 좋은 누군가에게 연민의 감정을 품는 것은 자기 팔에 박힌 총알을 빼내는 것과 같다는 말이 있다. 처음에는 비명을 지르며 발버둥을 치지만, 이 과정이 본격적인 치료를 시작하는 제일 좋은 방법이라는 걸 알기에 이를 악물고 참아야 한다.

용서의 대상이 어린아이라고 생각하면 어떨까? 그가 맑고 커다란 눈망울을 가진 작은 아이라고 생각하면 미움을 털고 연민의 감정을 품는 데 도움이 될 것이다. 나와 상대가 되지 않는 어린아이에게 원망의 감정을 품는 게 부끄럽지 않은가? 모든 사람을 이렇게 연민의 감정으로 대하는 것이 용서로 가는 첫걸음이라고 생각하자.

2. 인간관계의 방정식에서 지워버려라

중요한 업무를 진행해야 하는 날 동료직원 두 사람이 동시에 출근하지 않는 바람에 혼자서 모든 일을 처리하게 되었다. 한 사람은 지난밤에 너무 과음한 탓에 아침에 일어나지 못했고, 다른 사람은 어머니가 갑자기 돌아가셔서 급히 고향으로 달려가느라 회사에 전화하는 것도 잊어버렸다.

어쨌든 어쩔 수 없이 혼자서 일을 처리하게 되었지만, 당신이 두 사람에게 반응하는 방식은 완전히 다를 것이다. 한 사람에게는 끓어오르는 분노 때문에 피가 거꾸로 솟을 지경일 것이고, 다른 한 사람에게는 그가 처한 불가피한 상황에 수긍하며 마음을 열 것이다.

누군가 당신에게 잘못을 저질렀을 때, 그가 저지른 일에 짜증을 내거나 투덜대지 말고 그 사람 자체를 일단 인간관계의 방정식에서 제외시키면 어떨까? 분노에만 발이 묶여 있으면 마음속에서 계속 울려대는 고함소리 때문에 아무 일도 할 수 없게 된다.

그런 부작용을 피하기 위해서라도 짜증나게 하는 사람과 그 사람 때문에 생긴 상황을 마음속에 가둬두는 일은 이제 그만두어라. 내가 자진해서 그 사람을 관심 밖으로 몰아내버리기로 하면 그 순간 마음이 놀랍도록 안정될 것이다.

3. 올바른 사람보다 행복한 사람이 되어라

올바른 사람이 되겠다는 각오보다 행복한 사람이 되겠다는 결심이 훨씬 빨리 마음의 평화를 부른다. 누군가 내게 피해를 주었을 때 시시콜콜 따지며 허송세월하는 것보다 그냥 흘려보내고 마음 편한 쪽을 택하는 게 낫지 않겠는가?

내 생각이 옳다는 걸 증명하려고 나쁜 감정들을 질질 끌고 다닐 필요가 있을까? 지금 당장 행복해지려면 나를 둘러싸고 있는 멍청이들은 자기가 옳다고 믿도록 그냥 내버려두고 나는 나의 길을 가겠다고 소리치면 된다. 잘못된 것을 바로잡겠다고 행동에 나서는 것보다 나 자신이 마음 편한 쪽을 택하면 훨씬 더 행복한 일상을 보낼 수 있다.

4. 모든 각도에서 상황을 살펴라

사람은 누구나 자기가 만들어낸 환상 속에서 살고 있다. 따라서 다른 사람들이 품는 환상이 조금 이상하게 보이더라도 나와는 아무 상관없는 일이라는 걸 인정해야 한다. 사람은 하나의 현실을 저마다 다른 각도에서 바라보기에 전혀 다른 표현을 한다. 바이런 케이티Byron Katie는 베스트셀러《당신의 삶을 바꾸는 네 가지 질문》에서 이렇게 말한다.

"우리는 사람이나 사물에 얽매이는 게 아니라 그 순간 옳다고 생각하는 검증되지 않은 개념에 얽매인다."

순간순간 머릿속에 들어차는 검증되지 않은 개념들에 휘둘리지 않으려면 내 삶을 에워싼 모든 방향, 모든 각도에서 두루 살피는 관점의 다양화가 필요하다.

5. 분노를 가라앉힐 방법을 찾아라

타인을 향한 분노를 질질 끌고 다니는 것은 거울 속의 자기 얼굴을 보며 비난의 화살을 쏘아대는 것만큼이나 어리석은 짓이다. 그 대신 최대한 빨리 분노를 가라앉힐 방법을 찾아라. 나름의 스트레스 해소법이 분노와 증오의 터널에서 재빨리 빠져나오게 만든다.

예를 들어 사람들과 떨어져 혼자 있을 수 있는 곳으로 가서 베개나 매트리스 같은 것에 실컷 주먹을 날려라. 그 녀석이 얼마나 이기적인 사람인지 고래고래 소리를 지르고 욕을 해도 괜찮으니 진이 빠질 때까지 계속하라. 이렇게 적극적으로 부정적인 감정을 누그러뜨린 다음, 이제 그만 잊어버려라.

6. 시간의 흐름에 맡겨라

5년 전에 당신을 엄청나게 화나게 했던 사람을 떠올려보라. 떠오르기나 한가? 만약 있다면, 그때와 똑같은 분노를 느낄 수

사는 게 귀찮다고 죽을 수는 없잖아요?

있는가? 당장은 용서하기 힘든 일도 시간이 지나면 그냥 한때의 골치 아팠던 문제로 그치게 된다. 당장은 분노가 치밀어도 잠시 견디면 아무렇지 않을 거라 여기면서 이제 그냥 잊어버리자.

용서는 담배를 끊는 일과 비슷하다. 최고의 금연법은 굉장한 선언이나 약속 따위를 하는 게 아니라 담배에 대한 애착을 당장 포기하는 것이다. 담배 생각이 날 때마다 머리를 흔들며 니코틴 유혹에서 달아나야 한다. 용서도 마찬가지다. 어떤 사람이나 생각에 대한 집착을 포기하고 잊기만 하면 된다.

용서는 담배를 끊는 일과 비슷하다.
최고의 금연은 엄청난 선언이나 약속을 그만두고
담배에 대한 애착을 당장 포기하는 것이다. 담배 생각이 날 때마다
머리를 흔들며 니코틴 유혹에서 달아나야 한다.
용서도 그렇다.
누군가에 대한 집착을 포기하고 잊기만 하면 된다.

CHAPTER 13

내 **인생을 바꾼**
인도 여행

거만한 사람은 타인과 거리를 둔다.
그런 거리에서 보면
타인이 자기보다 작게 보이기 때문이다.
하지만 결국 자기 자신도
그에게는 작은 크기로 보인다는 사실을 모르고 있다.

_찰스 케일럽 콜튼 Charles Caleb Colton

인도가 내게
가르쳐준 것들

몇 년 전에 한 인도 여행으로 내 인생이 송두리째 바뀌었다고 장담할 수 있다. 인도는 엄청나게 많은 사람들과 흐릿하게 무리 지어 있는 환상적인 색채, 마구 경적을 울려대는 자동차들과 이리저리 배회하는 소들, 콩나물시루처럼 사람들이 꽉 들어찬 기차, 끝없이 이어지는 빈민가와 정교하게 장식된 궁전, 달콤한 향냄새가 기묘한 방식으로 어울리며 이방인의 정신을 쏙 빼놓는 나라로, 한번 다녀오면 누구라도 철학자가 되어 삶의 의미를 곱씹게 된다.

그곳에 직접 가보지 못한 사람들을 위해 말하자면, 인도는 무엇이든 다 있고 무엇이든 가능한 나라이다.

한도 이상으로 예약을 받은 기차 칸에서는 승객들이 서로 먼저 자리를 차지하려고 악전고투하는 동안 한편에서는 사람들이 계속해서 떠들고, 노래하고, 남의 무릎에 함부로 앉기도 한다. 그때 이방인들이 선택할 수 있는 방법은 단 두 가지뿐이다.

옆자리 사람들과 마음을 터놓고 얘기를 나누거나 엄청난 스트레스에 짓눌린 채 몸속에 거대한 스트레스 덩어리를 키우는 일이다. 내가 인도에서 가장 강한 인상을 받은 것은, 거의 대부분의 여행자들이 당연하다는 듯이 첫 번째 옵션을 택하는 것이었다.

인도에서는 버스에서 잠시 잠이 들면 옆자리에 있는 사람이 몸을 마구 더듬기도 하고 이방인의 얼굴을 눈 한 번 깜박이지 않고 뚫어져라 쳐다보기도 한다. 역사적인 기념물 앞에서 우연히 만난 이방인에게 자기 가족들과 함께 사진을 찍어야 한다며 손을 잡아끌고, 조금 친해지면 차를 마시러 오라고 자기 테이블로 초대해서는 면전에서 트림을 하거나 방귀를 뀌며 깔깔대고 웃는 등 하나같이 기괴한 일들뿐이다.

하지만 그들은 말할 수 없이 다정한 사람들로, 잠시라도 마음을 나누다 보면 그들이 내가 오래전에 잃어버린 중요한 뭔가를 가지고 있거나 알고 있을 거라는 생각이 든다. 굳이 힌두교도들이 수행하는 장소에 발을 들여놓지 않아도 된다. 그저 인도 대륙을 가로질러 몇 시간을 달리는 버스에 오르면 인생에 관해 우리가 알아야 할 많은 것들을 배울 수 있다.

타지마할이 있는 아그라에서 델리로 가는 고속버스 표를 구입할 때의 일이다. 버스정류장의 매표소 직원이 이런 말을 했다.

"가는 데 총 10시간이 걸려요. 중간에 수도 없이 정차하는 일반 버스 말고 고급스러운 고속버스 타고 5시간 동안 쉬지 않고 편하게 가고 싶으면 400루피를 추가로 내면 돼요."

여행의 피곤에 지쳐 있던 내가 델리까지 달리는 내내 잠을 푹 잘 수 있다니, 이보다 더 반가운 얘기는 없었다. 하지만 버스를 타자마자 뭔가 단단히 잘못되어 있음을 알게 되었다. 옆자리에 앉은 중년 사내가 내 무릎을 계속 툭툭 치며 알아들을 수 없는 짧은 영어로 자꾸 말을 거는 것이었다. 나는 애써 잠을 자는 척했지만 그는 막무가내였다.

그것만이 아니었다. 예약자 초과로 인해 늦게 온 승객들이 서로 먼저 버스에 오르려고 아귀다툼을 벌이는 바람에 출발이 1시간이나 지연되었고, 간신히 사태를 진정하고 출발한 후 복잡한 시내를 빠져나가는 데만 2시간도 넘게 걸렸다.

이렇게 시내가 복잡한 이유는 결혼 시즌이 절정인 11월이기 때문이라는 사실을 나중에야 알았다. 인도에서 결혼식은 전통적으로 며칠 동안 지속되며, 거리를 가득 메운 결혼행렬이 수 킬로미터씩 이어진다. 어떤 여행객들은 이 광경을 보기 위해 일부러 인도를 찾았다고 말할 정도로 이색적인 광경이기는 하다.

버스는 겨우 시내를 벗어난 뒤에도 계속해서 아무데서나 마구잡이로 승객을 태우거나 내려주는 바람에 더욱 느려졌다. 그러다 거리에서 소를 만나면 다소곳이 멈춰서 안전지대로 걸어갈 때까지 잠자코 기다려주었다. 그런 가운데서도 버스 안은 누가 더 목청이 큰지 시합이라도 하듯 저마다 떠들어대는 소리로

사는 게 귀찮다고 죽을 수는 없잖아요?

가득했고, 라디오에서는 지지직거리는 잡음이 쉴 새 없이 흘러 나왔다.

그렇게 어렵사리 달리던 버스가 브린다반이라는 작은 마을에서 멈추더니 운전기사가 승객들에게 따라 나오라고 손짓하면서 버스에서 내렸다. 그때 이미 버스는 출발지인 아그라를 떠난 지 5시간이 훌쩍 넘은 때였기에 나는 지칠 대로 지쳐 있었다.

승객들이 당연하다는 듯이 모두 따라 내렸다. 브린다반은 힌두교에서 최고의 신으로 떠받드는 크리슈나Krishna가 어린 시절을 보내고 아내 라다Radha를 만난 곳이어서 마을에는 두 사람에게 경의를 표하기 위한 사원들이 엄청나게 많이 자리 잡고 있었다.

사람들은 거기서 2시간 가까이 그 많은 사원들을 일일이 돌아다니며 즐겁게 꽃을 던지고, 낯선 사람들과 거리낌 없이 손을 맞잡고, 크리슈나 신의 동상 주변을 돌며 노래를 부르거나 기도하거나 손뼉을 치면서 신앙심을 한껏 드러냈다.

문득 뉴욕에서 워싱턴까지 가는 고속버스에 탄 뉴요커들이 이와 비슷한 상황에 처하면 어떻게 반응할지 궁금해졌다. 필경 누군가 권총을 뽑아들고 운전기사의 목을 겨누었을 것이다. 인도에서는 이런 상황을 기대한 사람은 아무도 없었지만 델리까지 예정된 시간 안에 가기는 애초에 글러버렸는데도 누구 한 사람 투덜대지 않았다. 모두 버스를 타고 가는 내내 투덜대거나 짜증내지 않고 주어진 상황을 즐기면서 노래를 부르거나 웃고 떠들며 자기에게 주어진 시간을 축복하는 모습이 너무도 큰 감동으로 다가왔다.

마침내 자정 무렵에 델리에 도착했을 때, 나는 완전히 녹초가 되어 있었지만 그들은 한낮인 것처럼 행동하면서 함께 차를 마시자고 떼를 썼다. 약속이 있다는 핑계를 대고 서둘러 그 자리를 뜨면서, 나는 인도가 가르쳐준 것들을 하나하나 곱씹었다.

- 낯선 사람에게 스스럼없이 다가가 말을 걸어라. 지구에 사는 우리는 모두 한 가족이다.
- 예상을 벗어난 일이 생겨도 불평하지 말고 그냥 즐겨라.
- 언제 어디서든 유머감각을 잃지 마라.
- 웃음이 가져다주는 평화로움을 잊지 마라.
- 다른 사람들이 살아가는 방식에 공감을 표하라.
- 주어진 시간에 최선을 다하라.
- 즐겁게 보낸 시간은 결코 낭비가 아니다.
- 다른 사람들과 공유하는 시간과 공간을 소중히 여겨라.

사는 게 귀찮다고 죽을 수는 없잖아요?

무엇에도
얽매이지 않는 삶

인도인들의 특성 중에서 가장 눈에 띄는 부분은 무엇에도 얽매이지 않는 자유분방함이었다. 웬만한 일에는 눈 하나 깜빡하지 않고 태연하게 받아들이는 그들의 너그러움을 배우고 싶었다.

어차피 살아나가야 할 인생이라면 작은 일에도 인상을 쓰고 짜증낼 필요가 없다는 달관이 인도인들의 가슴에 가득했다. 인도에 다녀와서 내 머릿속을 꽉 채운 물음은 이것이었다.

"왜 나는 그렇게 살지 못하는가?"

너무나 많은 잡다한 문제들에 얽매여 살아가는 우리에게, 인도인들은 삶의 한편에 여백의 공간을 마련해두라는 가르침을 준다. 어쩌면 그 공간은 온갖 부정적인 쓰레기로 가득한 우리의 머릿속을 적당한 때마다 훌훌 털어버리는 장소가 될 것이다.

그들은 또 삶의 한편에 여백의 시간을 장만해두라고 말한다. 현대인들은 누구나 시간이 없다는 말을 입에 달고 살지만, 인도인들은 어차피 인간에게 주어진 시간은 하루 24시간이 고작이니 시간에 얽매이는 노예가 되지 말고 당당한 주인이 되라고 말한다. 자기 삶에 속박되어 있는 사람은 결코 인도인들처럼 자유로움을 누릴 수 없다. 당신은 왜 그들처럼 살지 못하는가?

인도인들은 인간에게 주어진 시간은 하루 24시간이 고작이니
시간에 얽매이는 노예가 되지 말고 당당한 주인이 되라고 말한다.
자기 삶에 속박되어 있는 사람은
절대 시간의 주인이 되어 삶을 즐길 수 없다.
당신은 왜 진정한 자유인으로 살지 못하는가?

PART 4

내 인생을 이끄는
리더는 누구인가?

—

CHAPTER 14

인생은 언제든
편집 가능한
'스토리'다

—

성공한 사람이란
자신이 할 수 있는 일을 해낸 사람이다.
그런데 많은 사람들이 할 수 있는 일은
외면하고 할 수 없는 일만 원하고 있다.
자신이 할 수 있는 일을 때맞춰 해내라.
인생은 그것으로 충분하다.

_로맹 롤랑 Romain Rolland

내가 지어낸
잘못된 이야기들

햇살이 눈부시게 비치는 어느 여름날 아침, 캘리포니아의 집에서 창문을 활짝 열어놓은 채 한가로이 신문을 읽고 있을 때였다. 작은 새 한 마리가 거실로 날아 들어와 방황하듯 주변을 뱅뱅 돌았다.

뒤늦게 길을 잃었다는 사실을 알아챈 새는 미친 듯이 날개를 퍼덕거리고 돌아다니면서 램프에 부딪히고 화분에도 부딪히더니 거실 전체에 이파리와 깃털, 새똥, 그리고 극심한 공포감을 흩뿌려놓았다. 새는 어떻게든 방에서 빠져나가기 위해 발버둥치면서 계속 창문에 그 작은 몸뚱이를 세게 부딪쳤다.

나는 샌들 한 짝을 들고 소심하게 새를 쫓아다니면서 어떻게든 열린 문 쪽으로 나가게 하려고 안간힘을 썼지만 매번 허사였다. 그것은 정말 눈 뜨고 보기 힘든 광경이었다. 작은 새는 숨을 헐떡거리면서 눈을 희번덕거렸고, 몇 번이나 전속력으로 온몸을 창에 던졌다. 그러는 동안 그 작은 심장은 틀림없이 공포감으로 인해 터지기 일보 직전이었을 것이다.

마침내 새를 바깥으로 인도해서 자유를 찾아준 뒤에 나는 사고 현장을 다시 돌아보면서 떨리는 심장을 진정시키느라 무척 힘든 몇 분을 보냈다.

나는 새가 느꼈을 혼란과 좌절을 상상해봤다.

"하늘이 저기 보여! 바로 저기에 있어! 힘차고 빠르게 날면 하늘에 닿을 수 있을 거야!"

새가 밖으로 나가려고 몸부림을 치던 광경을 다시 떠올리니 수많은 사람들의 살아가는 방식이 이와 같다는 생각이 들었다. 우리는 원하는 것을 얻으려고 효과도 없는 방법을 총동원해서 엄청나게 애를 쓰다가 거의 죽을 지경이 되곤 한다.

하지만 하던 일을 잠시 멈추고 마음을 진정시킨 다음, 현실을 조금 다른 시선으로 바라보면 한편에 그렇게 바라는 출입구가 보인다. 그러면 남은 일은, 그곳을 통해 밖으로 나가는 것뿐이다.

우리의 현실을 한번 돌아보자. 우리는 습관처럼 스스로 만들어낸 남루한 이야기들에 푹 파묻혀서 힘없이 터덜터덜 걸어 다닌다.

"나는 돈도 없고 능력도 없어서 지금 다니는 형편없는 직장을 그만둘 수가 없어. 나는 게을러. 나는 머리가 나빠……."

"나에겐 희망이 없어. 내 삶은 하루하루가 해답 없는 시험지를 받은 기분이야."

이런 부정적인 감정의 늪에 빠져서 언제 도망치면 좋을지 궁리하는 사람들이 너무도 많다. 이런 사람들은 오물로 가득한 바구니처럼 잘못된 믿음에 짓눌려서 살아가기에 주위를 둘러싸고 있는 기회의 바다를 보지 못한다. 그저 잠시 눈을 돌리기만 하면 되는데 그러지 못하는 것이다.

평소에 수없이 걸어 다녔던 거리를 지나다가 문득 지금까지 한 번도 보지 못했던 건물이나 물건을 발견한 적이 있는가? 아니면 오랫동안 알고 지내온 사람의 특별한 습관을 알고 놀란 적이 있는가? 어머니를 바라보다가 '내가 예전에 저 분의 몸속에 있었지!'라는 생각이 떠오른 적이 있는가?

이런 느낌들은 어느 날 갑자기 당신의 시선을 잡아끄는 게 아니라 항상 그 자리에 있었지만 당신의 시선이 다른 곳을 향하고 있었기에 눈에 들어오지 않았던 것뿐이다.

재미있는 실험을 한번 해보자. 1분 정도 시간을 정하고, 지금 자신이 머물고 있는 곳에서 주위를 둘러보면서 빨간색으로 된 물건이 몇 개 있는지 세어보라. 하나, 둘, 셋…….

그다음엔 눈을 감고 주변에 있는 물건들 가운데 노란색이 몇 개나 있었는지 떠올려보라. 노란색 물건이 여러 개 있었을 테지만 빨간색만 주목했기 때문에 알아보지 못했을 것이다.

이런 현상은 집중하는 대상만이 우리의 현실이 된다는 사실을 말해준다. 세상에는 무한히 많은 감정과 생각, 신념, 해석, 소리, 꿈, 기회, 냄새, 관점, 기분이 좋아지는 방법, 반응, 대화 소재, 남을 도울 방법이 있지만, 우리는 자기만의 방식에 얽매인 채 자기가 처한 현실을 놓고 직접 만들어낸 이야기에만 집착하기 때문에 매순간 자신이 이용할 수 있는 것들을 그냥 수박 겉핥기로 다룬다.

우리는 셀 수 없이 많은 엄청난 기회에 둘러싸여 있으면서도 난생 처음 무도회에 참석한 소녀처럼 무도장 주변을 빙빙 맴돌거나 벽에 기대어 서서 누군가 함께 춤을 추자고 손을 내밀기만을 기다리고 있다. 영국 시인 윌리엄 블레이크William Blake는 이렇게 노래했다.

"인식의 문을 깨끗이 닦아내면, 모든 것이 있는 그대로의 모습으로 무한히 드러난다."

당신은 왜 자신의 힘으로 더없이 멋진 인생을 이뤄내겠다고 결심하지 않는가? 만약 당신이 지난날의 실패와 좌절에 대한 변명 대신 스스로 책임을 지겠다고 말하면서 팔을 걷어붙인다면 원하는 현실에 가까이 다가갈 수 있다. 이제 당신이 해야 할 일은 삶에 전혀 도움이 되지 않는 집착들을 모조리 걷어내 버리고 원하는 현실을 혼자 힘으로 반드시 이루겠다고 결심하는 것이다.

지금의 현실은 당신이 만들어낸 헛것에 불과하기 때문에 바꾸겠다고 결심하면 얼마든지 바꿀 수 있지만, 당연히 말처럼 쉽지는 않다. 그렇게 간단하다면 어찌 내가 그 많은 날들을 유리벽에 머리를 쿵쿵 찧어대고 자책하면서 보냈겠는가?

이제 당신이 할 일은 지금 자신에게 반복해서 들려주고 있는 망상과 거짓들을 버리고, 본래의 나에게 어울리는 새로운 이야기를 다시 쓰는 것이다. 그러기 위해 다음과 같이 해보자.

1. 나만의 스토리를 만들어라

내가 이것을 그냥 '스토리'라고 부르는 이유는 정말이지 한낱 스토리에 지나지 않기 때문이다. 이것은 언제든지 다시 고쳐쓸 수 있다는 점에서 초등학교 시절의 일기쓰기 숙제와 같다.

당신의 인생을 기록하는 작가는 부모님도, 친구도 아니다. 어릴 때 당신을 멍청이, 돼지라고 부르며 괴롭힌 녀석들도 아니다. 세상 사람 그 누구도 아닌, 바로 당신이다.

자기 자신을 위해 더 나은 글을 써야겠다고 결심하는 시간이 빠를수록 더 멋진 삶을 살아갈 수 있게 된다는 점에서 이 일은 정말 중요하다. 제일 먼저 할 일은 지금까지 써온 이야기를 내다 버리는 것인데, 그러기 전에 그 안에 있는 내용들을 정확하게 파악해보자. 그것이 스스로 지어낸 거짓말에서 벗어나는 첫걸음이다.

변호사인 내 친구 제인은 현재 일하고 있는 로펌에서 능력을 제대로 인정받지 못해 비참한 기분으로 지내고 있다고 했다. 산더미처럼 쌓이는 일거리들을 매일같이 집에 가지고 가서 해결하고 있지만 모두들 당연하게 생각할 뿐이라며 한숨을 뱉었다. 그럼에도 그녀는 그만큼 월급을 주는 회사를 찾을 수 없기 때문에 그만둘 수 없다고 했다. 그래서 내가 말했다.

"세상 어디를 봐도 자신의 주특기를 발휘해서 일하면서, 너보다 돈을 많이 버는 사람은 없어."

허구한 날 외로움에 지쳐 살아간다고 하소연하는 샐리는 괜찮은 남자들은 전부 결혼했기 때문에 마음에 맞는 멋진 독신 남자를 찾을 수 없다고 투덜댔다. 그래서 내가 이렇게 말해주었다.

"정말이에요, 샐리? 괜찮은 독신 남자들은 모두 멸종했기 때문에 아무리 매력적으로 화장을 하고 돌아다녀도 멋진 남자와 한 번도 마주치지 못하는 걸까요? 그럼 당신의 친구가 최근에 만난 괜찮은 남자는 그 비참한 멸종 드라마의 유일한 생존자인가요?"

헬스트레이너인 조셉은 돈 많은 고객을 만날 수 없어 자기 능력에 비해 큰돈을 벌지 못한다고 한탄했다. 그래서 내가 말해주었다.

"그 말이 사실이에요, 조셉? 정말 한 사람도 없어요? 그러면 고액의 비용을 지불하는 고객이 너무 많아서 혼자서는 도저히 감당하지 못하는 다른 헬스트레이너들은 어떻게 된 거죠? 더구나 어떤 헬스트레이너들은 자기 사진이 붙은 에너지 음료나 운동기구를 만들어서 홈쇼핑 채널에서 팔아 돈을 긁어모으고 있잖아요?"

이제부터 자신의 실제 모습에 눈을 돌리자. 무엇을 가장 잘할 수 있고, 그것을 무기로 살아가는 데 무엇을 어떻게 해야 하는가? 지금이야말로 '너 자신을 알라'는 충고가 절실한 때다.

지긋지긋하게 오래된 이야기의 울타리 밖으로 뛰쳐나와 자신만의 스토리를 다시 쓰고, 마음에 꼭 드는 삶을 가꿔나가는 일은 바로 여기서부터 시작된다.

2. 그동안의 잘못된 이야기는 내다 버려라

평소에 하는 말 중에 '나는 할 수 없어'와 '나는 절대 안 돼' 같은 부정적인 어휘들이 들어가는 목록을 만들어보자. 자신을 최대한 몰아붙여서 하나도 남김없이 적어야 한다. 그런 다음 목록을 가만히 들여다보라.

그것들은 사실 당신 안에 있는 겁먹은 어린아이가 뱉은 말이라는 사실을 알아야 한다. 이제 그 아이와 헤어질 때라고 스스로에게 말하자. 그런 다음 그 자리에 힘센 어른이 들어서는 광경을 상상해보자. 그동안 집착해왔던 유년기의 낡은 이야기들을 어른이 된 지금의 나로 대체하면 어떤 느낌이 드는지 머릿속으로 그리며 생생하게 느껴보라. 그리고 이제는 변화할 준비가 되었고, 가고자 하는 방향을 향해 긍정적인 행동을 취할 때가 되었다고 선언하라.

3. 새로워질 수 있다고 믿고 노력하라

자신이 진정으로 하고 싶은 이야기를 분명히 파악하고, 이를 위해 해야만 하는 준비 작업을 마쳤다면 이제 행동할 때다. 한때 우울증을 앓았지만 이제는 벗어나겠다고 결심했다면 슬픈 음악은 그만 듣고 기분이 얼마나 비참한지 떠들어대는 것도 그만두자.

이제 익숙한 우울함에 빠져 있지 말고, 밝은 기분이 되려고 노력하라. 우울증이라곤 모르는 사람들이 살아가는 방식대로 행동하자. 그들처럼 옷을 입고, 그들처럼 시간을 보내고, 그들이 말하는 방식대로 말하고, 그들이 하는 일을 그대로 따라하라. 그냥 흉내만 내지 말고, 원하는 걸 확실히 가질 수 있다고 분명히 믿으며 그렇게 행동해야 한다.

4. 판에 박힌 일상에서 벗어나라

예전엔 하지 않았던 일, 행할 엄두를 내지 못했던 일에 도전해보자. 낯선 사람과 얘기를 나누고, 평소와 다른 옷을 입고, 친해지고 싶은 사람을 위해 요리를 만들고, 쓰던 치약을 다른 걸로 바꾸고, 수요일 오후 2시에 혼자 영화를 보러 가고, 자기 인생에서 지금까지 알아차리지 못했던 멋진 이야기 다섯 가지를 찾아내자.

판에 박힌 일상에 머물면 판에 박힌 일만 일어난다. 오늘부터 새로운 습관에 도전하면, 일상 속에 항상 존재하던 것들이 어느 순간 전혀 다른 얼굴이 되어 나타난다는 사실에 놀라게 될 것이다.

당신의 삶을 기록하는 작가는 부모님도, 친구도 아니다.
어릴 때 당신을 멍청이, 돼지라고 부르며 괴롭힌 녀석들도 아니다.
세상 사람 그 누구도 아닌, 바로 당신이다.
당신만의 스토리를 새로 써라.
자신을 위해 더 나은 글을 써야겠다고 결심하는 시간이 빠를수록
더 멋진 삶을 살아갈 수 있게 된다.

CHAPTER 15

나는 생각보다
훨씬 많은 것을
알고 있다

독수리가 하늘을 자유로이 날기까지는
폭풍우 속에서 연약한 날개를 퍼덕이는 연습을
수없이 해야 한다.
이를 견디지 못하면 아무리 독수리라도
땅 위를 기어 다니는 미미한 존재가 되고 만다.

_성 프란체스코 St. Francesco

필요보다 더 좋은
스승은 없다

대학을 졸업하고 맨 처음 한 일은 뉴욕의 작은 비영리단체가 주최하는 세계민속예술축제의 제작진행 팀에서 일한 것이었다. 친구한테 그런 일자리가 있다는 얘기를 듣고, 비록 내 평생 뭔가를 직접 제작해본 적이 없고 민속예술이라는 게 참으로 하품 나는 주제라는 것을 알았지만, 그럼에도 일을 해야겠다고 결심했다.

이 축제는 전 세계에서 온 수많은 음악가와 댄서, 예술가들이 자기 나라의 민속예술을 뽐내는데, 특히 나의 흥미를 잡아끈 일은 축제 기간 중에 폴란드식 맥주 파티가 열릴 예정이라는 것이었다. 멋진 남자들을 실컷 보고 공짜 소시지와 맥주도 양껏 먹을 수 있다니, 무척 재미있을 것 같았다.

나는 지원서에 대학에서 연극 연출을 했고, 고등학교 시절에 여러 개의 동아리를 조직해서 리더로 활동했으며, 대학 때는 학내 라디오방송국에서 DJ로 일했다는 등의 과장과 거짓말을 나열한 이력서를 제출한 뒤 몸에 맞지도 않는 엄마의 캐주얼 정장을 빌려 입고 면접을 보러 갔고, 그로부터 2시간 뒤에 그 일자리를 얻었다.

그날 밤 나는 공포에 질려 뜬눈으로 밤을 새웠다. 세상에, 내가 무슨 짓을 한 거지? 그 친절하고 너그러운 사람들은 축제를 열기 위해 1년 내내 피땀을 흘렸을 텐데, 나 같은 거짓말쟁이 때문에 일을 망치기라도 하면 어쩌지? 이제라도 사실대로 털어놓을까?

하지만 그들을 실망시키고 싶지 않았기 때문에 그대로 포기하는 대신, 지금까지 해왔던 그 어떤 일보다 열심히 해야겠다고 다짐했다. 내 앞에 놓인 난국에 용감하게 맞서기 위해 필요한 일은 뭐든 하겠다고 결심한 것이다.

나는 스스로 다짐한 대로 열정적으로 일을 해나갔다. 때마침 백수로 지내고 있는 친구들 27명을 끌어모아 공짜 소시지와 맥주를 주겠다고 유혹해서는 전단지 배포, 관람객 안내, 여러 나라에서 온 예술인들을 제시간에 공연장으로 안내하는 일 등 축제가 탈 없이 진행되도록 최선을 다했고, 축제가 끝났을 때 아주 잘했다는 칭찬을 들었다.

내 말은 간절히 원하는 게 있으면 거짓말을 해서라도 얻으라는 얘기가 아니다. 나는 그 일을 통해 우리의 진로를 가로막는 것은 경험 부족이 아니라 성공하기 위해 반드시 해야 하는 일에 대한 결단력과 추진력 부족 때문이라는 사실을 알았다.

우리는 자기의 꿈을 이루지 못하게 방해할 완벽한 방법을 찾아내느라 너무나 많은 에너지를 쓴다. 이제 조용히 입을 닫고, 그 에너지를 모두 목표 달성을 위해서 쓴다면 얼마나 많은 것들을 얻을 수 있을지 상상해보라. 다음 이야기에 귀를 기울여주기 바란다.

- 나는 생각하는 것보다 훨씬 많은 것을 알고 있다.
- 내가 좋아하는 일을, 나는 이 세상 누구보다 잘할 수 있다.
- 필요보다 더 좋은 스승은 없다.
- 열정은 두려움을 이긴다.
- 내 꿈을 이루겠다는 결심보다 더 소중한 것은 없다.
- 그러기 위해 노력하는 나 자신이 자랑스럽다.
- 나 자신에 대한 자랑스러움을 평생 잊지 않겠다.

이렇게 말하며 당당하게 자기 삶의 주인공이 되는 사람이 되기 위해 꼭 필요한 일들을 알아두자.

1. 아직 준비가 덜 되었어도 일단 시작하라

회계사로 일하는 찰스는 최근에 아프리카 오지 탐험이라는 오래된 꿈을 이루고 돌아왔다. 1년에 걸친 긴 여행은 무척 고되고 힘들었지만 오랫동안 꿈꾸었던 일이라 굉장히 뿌듯하다고 했다. 그러면서 그가 말하기를, 20년 전에 이 여행에 도전했더라면 인생이 달라졌을 거라고 했다.

20년 전부터 꿈꾸었지만 매년 아직 준비가 덜 되었다는 핑계를 대며 미루다가 60회 생일을 맞으면서 결단을 내린 도전이었다. 새로운 세계에 도전한다는 기쁨, 보람, 그 아슬아슬한 모험을 지금보다 훨씬 더 젊었을 때 감행했더라면 어땠을까?

찰스의 도전에서, 나는 완벽하게 하는 것보다 일단 시작하는 것이 중요하다는 깨달음을 얻었다. 다른 사람들은 당신이 100퍼센트 완벽하지 않더라도 신경 쓰지 않는다. 더 이상 꾸물거리지 말고 꿈꾸는 삶을 향해 지금 당장 시작하라. 설령 실패하더라도 거기서 배우는 것들이 삶에 끼치는 영향력은 의미가 깊을 것이다.

2. 실패 시점과 이유를 확인하라

일을 하다가, 혹은 하는 척하다가 정확히 어느 부분에서 중단하고 말았는가? 자료조사를 해야 하는 부분이었나? 까다로운 고객과 통화해야 하는 부분이었나? 아니면 돈을 마련하는 방법을 찾아야만 할 때였는가?

'일을 망쳤어. 난 이쯤에서 포기하겠어!'라고 말했던 시점의 정확한 이유와 그 내용을 찾을 수 있다면 앞으로는 무슨 수를 써서라도 일이 중간에 엎어지는 것을 막을 수 있을 것이다. 원인을 되짚어보는 습관은 자신이 어느 부분에 취약하고, 어느 시점에 일을 회피하거나 지겨워하는지 알게 되기 때문에 다음부터는 때맞춰 적절히 대처할 수 있게 된다.

3. 자신의 현재 위치를 인정하라

만약 당신이 마지막 순간이 될 때까지 일을 미루는 사람이고, 스스로도 그런 사실을 잘 알고 있다면 할 일을 하지 않는 동안 무엇 하러 쓸데없이 걱정하면서 시간 낭비를 하는가? 그때까지 실컷 노닥거리다가 최후의 압력이 가해지면 그때 일을 시작해도 된다.

괜히 일하는 척하며 시간을 낭비하거나 그 일로 스트레스를 받는 것만큼 나쁜 일도 없다. 그런 식으로는 일도 제대로 하지 못하고 재미도 느끼지 못하니 두 가지 다 최악의 상태가 되는 셈이다. 자신의 일하는 습관을 인정하면서 현실적 바탕 위에서 일을 진행하면 미룬다는 자책감은 버릴 수 있으니, 이것이 최선은 아니지만 그나마 마음은 편할 것이다.

4. 완벽이라는 단어를 추방하라

일을 하면서 완벽을 추구하는 사람들의 공통점은, 일을 시작

사는 게 귀찮다고 죽을 수는 없잖아요?

하기 전부터 완전하지 않은 결말을 전제로 걱정하고 두려워하는 습관이 있다는 것이다. 하지만 완벽은 애초부터 불가능하다. 그것을 알면서도 100퍼센트라는 목표에 안달하며 자신을 들볶는다면 자기 자신만 고통스러울 뿐이다. 할 수 있는 한 최선을 다하겠다는 목표를 세우고, 주어진 조건에 충실하자. 그것으로 충분하다.

완벽할 때까지 기다리지 말고 일단 시작하는 게 중요하다.
다른 사람들은 당신이 100퍼센트 완벽하지 않더라도 신경 쓰지 않는다.
더 이상 꾸물거리지 말고, 꿈꾸는 삶을 향해 지금 당장 시작하라.
설령 실패하더라도 거기서 배우는 것들이 삶에 끼치는 의미는 클 것이다.

CHAPTER 16

시간이
나를 위해
움직이게 하라

삶은 매 단계마다 너무 빨리 지나가 버린다.
후회하고, 말다툼하고,
화를 내다 보니 조금 있으면 사라져버릴
'지금'이라는 귀중한 시간을 허비하고 말았다.
그렇다, '지금'은 그리 오래 지속되지 않는다.

_에디스 셰퍼 Edith Schaeffer

시간이 없다는 핑계는
이제 그만

나는 새로운 책을 쓰기 시작할 때 각 장마다 색인카드를 따로 만들어 벽에 붙여놓고 일을 시작한다. 각각의 카드 상단에 장 제목을 쓰고, 제목 아래에 관련 내용을 적은 다음 나열해놓으면 전체적인 내용을 한눈에 볼 수 있어 일이 훨씬 쉬워진다.

그렇게 일을 하다 보면 어느 시점에 이르러 이제 곧 태어날 새 책에 대한 기대감이 한껏 부풀어 오른다. 흐음……. 멋지게 구성된 책이야……. 나는 이렇게 만족해하면서 그 책이 작가로서의 이력을 한 단계 더 도약시켜줄 거라 기대하며 한껏 고무된다.

하지만 기쁨도 잠시, 색인 카드에 적힌 메모들을 보고 극심한 공포가 엄습해올 때가 있다.

"맙소사! 앞으로 써 내려가야 할 장들이 이렇게 많다니! 대체 이걸 정해진 시간 안에 어떻게 다 쓰지?"

마감일은 점점 다가오는데 아직 계획만 있을 뿐, 각 장에 집어넣을 내용도 확실히 방향을 정해지 못했다. 나는 가슴을 쥐어뜯으며 한탄한다.

"진작 시작하지 않고 여태 뭐하고 있었던 거지? 아, 누가 좀 도와줘요, 미칠 것 같아요……."

나는 눈을 감고 심호흡을 하며 마음을 가라앉히려 애를 쓴다. 그러다 문득 '그냥 한 장씩 차례로 쓰면 된다'는 생각을 떠올린다. 그렇다, 하나씩 차례대로 하면 언젠가는 끝이 날 것이다. 나는 벽에 붙여 놓은 카드 중 하나를 무작위로 집어 든다.

당신에게 해주고 싶은 이야기는, 우리가 살면서 겪는 대부분의 고통이 자기가 만들어낸 억지 드라마 때문이라는 사실이다. 살면서 만나는 모든 고통을 한데 묶어서 지니고 있으니 얼마나 힘들겠는가? 그러지 말고 내가 그랬듯이 그저 하나의 카드를 꺼내 해결하고, 다음에 다른 카드를 해결하면 된다. 이제 당신이 처리해야 할 엄청나게 많은 목록들을 편안한 눈으로 바라볼 수 있도록 방법을 말해주겠다.

1. 시간의 주인이 되자

우리는 흔히 시간이 없다고 말하는데, 사실 이 말은 구체적인 현실이 아니라 추상적인 관념에서 비롯된 표현이다. 어떤 일을 반드시 해야 할 상황이 되면, 없다고 느꼈던 시간이 어떻게든 생기게 마련이다. 이것은 시간은 항상 있지만 그렇지 않다고 생각하기 때문에 스스로 행동을 제한한다는 뜻이다.

예를 들어 어떤 일을 하는 데 1개월의 시간이 주어진다면, 그 일을 마치기까지 1개월이 걸리지만 주어진 시간이 일주일뿐이라면 일주일 안에도 끝낼 수 있다는 뜻이다. 시간이라는 개념이 단지 자기 마음속에 존재하는 문제라는 사실을 이해하면 시간의 노예가 되지 않고 시간이 나를 위해 일할 수 있게 만들 수 있다. 시간을 부리는 주인이 되기 위해 할 수 있는 일들을 알아보자.

첫째. 시간을 존중하라

시간이 좀 더 많아지기를 바란다면 시간을 존중하는 태도를 보여야 한다. 지각하는 습관이 있거나 약속시간을 자주 잊어버린다면, 이는 시간을 소홀히 여기면서 자신을 위한 시간을 함부로 축낸다는 메시지를 사람들에게 보여주는 것이다. 한마디로 불성실한 사람으로 비치는 것이다.

사람을 대하듯 시간을 대하라는 말이 있다. 시간을 하찮은 사람 대하듯이 함부로 여기면 시간 역시 당신을 하찮게 여기게 된다는 사실을 잊지 마라. 약속시간에 자주 늦거나 잊어버리는 상황이 빈번히 일어난다면, 이는 단순히 시간 개념의 문제가 아니라 상대를 무시하는 것이다. 이런 습관을 고치는 데 엄청난 지능이 필요한 것도 아니니 당장 고치기로 마음먹어야 한다.

둘째. 시간 낭비 습관을 버려라

해야 할 일을 하지 않고 빈둥거릴 때는 대개 무엇을 하는가? 동료나 상사를 욕하며 수다를 떨거나 인터넷 쇼핑사이트나 게임사이트를 들락거리지는 않는가? 자주 빠지는 심심풀이 소일거리가 무엇인지 알면 시간 낭비 습관에서 벗어나기 쉽다.

일하는 동안에는 핸드폰 사용을 자제하자. 동료와 커피 한잔하면서 자신의 힘으로 어쩌지 못하는 국제정치 문제를 놓고 너무 많은 시간을 들여 토론하는 습관을 버리자. 일하다 말고 멍하니 앉아 있을 때가 많다면 그런 습관에서 재빨리 빠져나오는 방법을 알아두자. 우리는 스스로 깨닫지 못하는 사이에 시간을 갉아먹는 갖가지 나쁜 습관에 길들여져 있는데, 이런 습관을 고치는 것만으로도 더 많은 시간이 당신에게 손을 내밀 것이다.

셋째. 일을 세분화하라

엄청나게 많은 일거리를 앞에 놓고서 대체 이것을 언제 다 해치우나 걱정할 때만큼 기운 빠지는 때도 없다. 어디서부터 손을 대야 할지 난감해서 차라리 이대로 도망치고 싶을 것이다.

이런 때는 코끼리같이 거대한 일을 한 번에 끝내려고 하지 말고, 한 회 처리할 수 있는 분량으로 잘게 세분화하라. 집안 전체를 돌아다니며 엄청나게 어질러진 방들을 바라보면서 이 거대한 쓰레기더미를 어떻게 치우나 고민하지 말고 한 번에 방 하나만 신경을 쏟아라.

우리의 뇌가 폭발하지 않고 한 번에 처리할 수 있는 정보량은 그 정도에 지나지 않는데, 그 이상을 한꺼번에 해내려고 하니 일이 일대로 되지 않고 고통은 더욱 커지는 것이다.

2. 시간의 효과를 높이는 습관을 익히자

친구들에게 요즘 어떻게 지내는지 물으면, 99퍼센트에 달하는 사람들이 공통적으로 하는 말이 있다.

"몹시 바쁘지만, 그럭저럭 괜찮아."

언젠가부터 바쁘다는 말이 '잘 지내고 있어'를 대신하는 표현으로 자리 잡았다. 그런 언어 습관이 다른 사람들에게 보내는 메시지는 이것이다.

"내 인생은 대단히 무미건조해."

현대인들이 '해야 할 일 목록'이라는 거대한 시멘트더미 아래 깔려 옴짝달싹 못하니 삶이 재미없는 것은 당연하다. 이런 풍경은 시간의 노예들이 공통적으로 보여주는 모습이다. 어떻게 하면 흥미진진한 삶을 만들어낼 수 있을까? 여기 몇 가지 방법이 있다.

첫째. 부정적인 언어 습관을 버리자

말끝마다 시간이 없다고 투덜대며 자신이 얼마나 바쁜지 떠들어

사는 게 귀찮다고 죽을 수는 없잖아요?

대는 사람이 있다. 이런 사람은 누구나 자기 삶에 주어진 시간의 주인인데도 마치 노예처럼 행동하는 것이다. 심리학 교과서에 이런 말이 등장한다.

"부정적인 언어습관에 길들여지면 부정적이고 퇴폐적인 말의 씨앗들이 고스란히 두뇌에 뿌리내려 자력으로는 도저히 시간을 컨트롤할 수 없는 사람이 되고 만다."

심리학자들은 설령 일에 짓눌려 지낸다 해도 자기 삶에서 재미있는 부분에 초점을 맞추고 자신이 얼마나 즐겁게 살아가는 사람인지를 스스로에게 알려야 한다고 말한다.

시간을 스스로 조절하고 통제하는 과정에서 유익한 일들을 더 많이 만들어내고, 거기서 생기는 기쁨을 오래 기억하라는 충고다. 자신이 흥미로운 프로젝트로 가득한 멋지고 여유로운 삶을 살고 있으며, 그 일을 무척이나 좋아한다는 사실을 세상에 알리라는 충고를 귀담아듣자.

둘째. 전문가의 도움을 받아라

계획이 어긋나는 바람에 어디서부터 시작해야 하고, 다음에는 뭘 해야 할지 모르는 경우가 있다. 이럴 때는 다른 사람의 관점을 빌리는 편이 좋고, 그가 전문가라면 더욱 좋다.

자기만큼 빈털터리인 사람에게 금전 관계 조언을 듣거나 평소에 항상 혼자 지내는 사람에게 데이트에 대한 조언을 듣는 것만큼 어리석은 일도 없다. 문제가 생기면 전문가를 찾아보라.

자기 삶에 너무 얽매여 있다 보면, 아주 쉽고 명백한 사실을 놓칠 수 있다. 당신이 몇 시간, 며칠, 몇 달 동안 사무실을 멋지게 꾸밀 방법에 대해 고민하고 있다면, 경험이 많은 사람들에게 의뢰하라. 단번에 처리할 수 있을 것이다.

셋째. 자신의 형편과 능력을 살려라

살다 보면 때로는 자신이 소화할 수 있는 양보다 훨씬 더 많은 일을 떠맡을 때가 있다. 이런 상황이 찾아오는 이유는 자기 힘으로 모든 것을 다해야 한다고 생각하기 때문인 경우가 많다.

문제는 이런 사람일수록 자신이 해내려는 100가지 일을 전부 다 해내지 못하면 스스로 형편없는 사람, 사랑받을 자격이 없는 사람이라고 평가절하 한다는 점이다. 이렇게 능력 밖의 상황으로 스스로를 몰아넣지 말고 자신의 능력과 실체에 맞게 일하라.

지금 하고 있는 일들을 모조리 다 해치워야 하는 이유는 무엇인가? 정말 혼자 힘으로 다 해내야 하기 때문인가? 그 모든 것을 전부 동시에 해야 할 상황인가? 그중 일부는 미루거나 다른 사람에게 넘길 수 없는가? 아예 포기하는 것은 어떤가? 만약 혼자서 전부 다 해내야 한다면, 좀 더 즐겁게 할 방법은 없는가?

이런 식으로 자신의 형편과 능력을 살펴서 일을 하면 지금 감당하고 있는 일의 무게로부터 용이하게 빠져나올 수 있다.

넷째. 다른 사람과 일을 나누어라

과다한 업무 부담에서 벗어나기 위해 일을 나눌 사람을 구하는 방법도 있다. 여기다 자신이 싫어하는 일, 평소에 잘하지 못하는 일, 할 시간이 없었던 일을 파악한 다음 그것을 대신 맡아줄 사람을 찾아보는 것도 좋다.

당신이 아직 그렇게 하지 않은 이유는 누군가를 고용할 금전적 여력이 없거나, 자기가 그 일을 제일 잘한다고 생각하거나, 혼자서 모든 일을 처리해야 직성이 풀리는 성격 탓이겠지만 그것들은 결코 정답이 아니라는 게 밝혀졌으니 이젠 방법을 바꿔야 한다.

다섯째. 우선순위를 정하라

무엇이 더 중요하고, 무엇을 뒤로 미뤄도 되는지 우선순위를 정하는 일도 매우 중요하다. 평소에 인터넷 활동을 즐긴다면, 할 일을 어느 정도 마치기 전까지는 SNS를 포함해서 인터넷에 눈길도 돌리지 마라. 급한 일이 아니라면 문자메시지도 멀리 하라. 이런 일에 집중력이 분산되기 시작하면 일처리 습관은 절대 고쳐지지 않으니 한동안은 단호하게 스스로를 묶어둬야 한다.

설령 일에 짓눌려 지낸다 해도 자기 삶에서 재미있는 부분에 초점을 맞추고,
자신이 얼마나 즐겁게 살아가는 사람인지를 자기에게 알려라.
시간을 스스로 컨트롤하는 과정에서
유익한 일들을 더 많이 만들어내고,
거기서 생기는 기쁨을 오래 기억하라.

CHAPTER 17

과감한
모험이 아니면
아무것도 아니다

사람들은 아직 일어나지도 않은
미래의 일을 걱정하면서
잠을 이루지 못하거나 식음을 전폐한다.
나도 75년을 살면서 수많은 문제를 걱정했는데,
대부분은 일어나지 않았다.

_마크 트웨인 Mark Twain

두려움이
습관이 되어버린 사람들

어느 날 친구와 함께 뉴멕시코 주에 있는 헤메즈 산맥의 골짜기에 갔다. 친구는 오래전부터 내게 그곳에 있는 작은 동굴을 둘러보자며 이렇게 말하곤 했다.

"사실 동굴이라기보다는 땅에 뚫린 커다란 구멍이야. 아주 근사한 곳이지."

나는 동굴 따위엔 별로 관심이 없기 때문에 친구의 말을 건성으로 들었지만 장거리 자동차여행을 워낙 좋아하기에 동굴을 가는 길에 들르는 고속도로 휴게소처럼 여행의 부수적인 일로 여기며 따라갔다.

소나무 숲 사이로 길게 뻗은 붉은 흙길을 따라 편안한 기분으로 트래킹을 마친 뒤 친구가 말한 동굴에 도착했다. 작은 언덕 아래로 한 사람이 간신히 기어 들어갈 수 있을 정도의 구멍이 뚫려 있었다. 친구가 내게 무릎보호대와 작은 전등을 건네준 뒤에 앞장서서 동굴로 들어갔고, 나도 전등을 입에 물고 양손과 무릎으로 기어서 뒤를 따랐다. 울퉁불퉁한 흰색 바위터널이 갈수록 점점 좁아지자 친구가 마침내 기어가는 걸 멈추고 벽에 기대앉았다. 어찌나 공간이 비좁은지 고개를 최대한 구부리고 웅크린 채 앉아 있어야 했다.

대체 내가 여기서 뭘 하고 있는 거지? 이렇게 속으로 툴툴거리고 있을 때, 친구가 말했다.

"이제부터 정말 근사한 일이 벌어질 거야. 준비됐지?"

친구는 내게도 따라하라고 손짓을 하더니 먼저 자기의 전등을 껐다. 다음으로 내 전등까지 꺼지는 순간, 세상에서 가장 완벽한 암흑이 눈앞에 펼쳐졌다. 숨이 멎는 것 같았다. 그건 그저 새카만 수준을 넘어 상상하기 힘들 정도로 짙은 블랙의 세계였다.

다음 순간, 강력한 힘으로 손을 뻗어오는 암흑의 공포에 나는 눈을 질끈 감을 수밖에 없었다. 그때 나는 난생 처음으로 공포가 무엇인지 완벽하게 이해했다. 나를 송두리째 집어삼킨 공포가 거대하게 도사리고 앉아서 나를 똑바로 응시하며 이렇게 묻는 것 같았다.

"내가 널 그냥 집어삼키도록 가만 놔둘 거야?"

나는 암흑 너머의 공포를 향해 손톱으로 할퀴고, 물어뜯고, 엄청난 비명을 질러댈 수도 있었다. 그것은 두려움에 굴복하는 일이었다. 하지만 눈을 번쩍 뜨고 어디 해볼 테면 해보라고 소리치며 두려움에 굴복하지 않을 수도 있었다. 즉, 선택은 나에게 달려 있었다. 두려워하느냐, 두려워하지 않느냐. 그것이 문제였다.

나는 눈을 최대한 크게 떴다. 여전히 짙은 어둠이었지만, 아까보다 크게 두렵지는 않았다. 나는 일단 거기서 빠져나가기로 했다. 잠시 후, 나는 동굴에서 빠르게 기어 나와 눈부신 햇살 속에서 다시 두 다리로 걸을 수 있게 되었다.

그 순간 나는 깨달았다. 공포를 이기는 일은 아주 간단한 문제라는 것을⋯⋯. 공포는 수많은 문제를 초래할 태세를 갖추고 내 앞에 항상 도사리고 있지만, 나는 그놈에게 말려들 것인지 아닌지를 스스로 선택할 수 있다. 그렇다, 두려움은 나의 선택의 문제다.

우리에게 두려움은 습관이 되어 있다. 어릴 때는 설탕처럼 온몸으로 공포를 가득 빨아들이고, 성장해서는 언론매체에 등장하는 온갖 폭력적인 사건들이 세상에 대한 두려움을 넘치도록 채워준다.

이 같은 상황은 두렵다는 감정은 진짜지만 두려움 자체는 대부분 만들어진 것이라는 사실을 말해준다. 따라서 공포와 관련된 문제들을 제거하거나 완화하는 데 필요한 일은 미지의 대상을 무조건 두려워하지 말고, 편안하게 받아들이는 법을 배우는 것이다.

헬렌 켈러Helen Keller 는 이렇게 말했다.

"인생은 과감한 모험이 아니면 아무것도 아니다. 변화를 피하지 말고 정면으로 맞서라. 운명에 맞서서 자유로운 영혼처럼 행동할 때 불멸의 힘을 얻게 된다."

살다 보면 '될 대로 되라, 그래도 난 해볼 거야!'라고 결심했을 때 신념이 두려움을 간단히 무너뜨리는 놀라운 경험을 하게 된다. 그러면 그때부터는 여태까지 해낼 수 없다고 믿어왔던 일들을 해내면서 자신이 생생히 살아 있음을 느낄 수 있게 된다. 여기 두려움의 정글을 헤쳐나가는 데 도움이 되는 방법들이 있다.

1. 두려움에 정면으로 맞서라

과거에 일어난 일들 가운데 너무 무서워서 아직도 생각만 해도 온몸이 떨리는 일들을 몇 가지만 떠올려 보라. 지금도 그것이 예전과 똑같은 감정으로 다가오는가? 새로운 도전을 마주할 때마다 기억해야 할 한 가지가 있다. 바로 당신이 다음에 내디딜 커다란 걸음이 그 순간엔 겁나고 무서울지 몰라도 훗날 돌아보면 보잘것없는 일로 느껴진다는 것이다.

그렇다면 왜 가만히 기다리고만 있는가? 지금 아무리 두려운 상황에 처했을지라도 보잘것없는 일처럼 느끼게 된 지난 일들을 백미러 보듯이 반추해보면 되지 않겠는가? 미래의 시각으로 자신의 도전을 응시하면, 나를 무력하게 만드는 공포는 훨씬 줄어들 것이다.

난생 처음으로 인도를 여행했을 때, 당시 나는 겁이 나는 일은 절대로 하지 못하는 나약한 여자였다. 혼자서 해외여행을 간 것은 그때가 처음이었고, 그때까지 인도에 관한 경험이라고는 친구들과 몇 차례 카레를 곁들인 점심식사를 한 게 전부였다.

그럼에도 나는 완전히 새로운 곳에서 내가 마주치고 있는 현실과는 전혀 딴판인 무엇을 경험해보고 싶었다. 그래서 비행기 티켓을 구입했는데, 막상 떠나려고 하니 문득 이러는 이유가 뭔지 궁금해졌다. 그렇게 자문하고 또 자문하는 동안에 인도 여행은 여태까지 살면서 겪은 일 중 가장 두려운 사건이 되고 말았다.

공포감은 점점 더 심해져서 급기야 내가 심한 부상을 당하거나 친한 친구가 죽어서 여행을 떠날 수 없는 상황이 되면 얼마나 좋을까 하는 상상까지 들었다. 어떻게든 도망치고 싶다는 절박감 때문에 며칠 밤을 거의 뜬눈으로 지새웠다. 그런데도 이상한 일은 무슨 까닭인지 티켓을 취소하자는 생각이 한 번도 들지 않았다는 것이다. 마침내 나는 마치 나의 장례식에 참석하는 것 같은 비참한 기분으로 공항으로 향했다.

그런데 그렇게 어렵사리 국제공항 터미널에 발을 들여놓은 순간, 다양한 색채와 전 세계에서 온 이방인들의 바쁜 움직임, 귀청을 때리는 온갖 언어의 물결에 내 몸이 하나가 되면서 두려움은 즉시 흥분으로 바뀌었다. 그래, 나는 지금 정말로 인도

사는 게 귀찮다고 죽을 수는 없잖아요?

에 간다!

비행기에 오르는 순간, 모든 두려움이 완전히 사라졌다. 난 혼자가 아니야, 이렇게 많은 사람들에게 둘러싸여 있잖아, 그들이 친절한 미소로 나를 반겨주잖아! 그때부터 두 달 동안 나는 인도 각지를 신나게 돌아다녔다.

인도 여행을 통해 내가 가장 절절하게 깨달은 것은 두려움은 단지 '시간낭비'에 불과하다는 사실이었다. 나는 이렇게 말하고 싶다. 두려움은 자기 마음속에만 존재하는 것이라는 사실을 받아들이고 당당히 맞서면, 공포가 당신에게 미치는 영향력이 급격히 사라질 것을 보장한다고 말이다.

2. 현재에 충실하라

지금 이 순간 당신에게 뭔가 두려운 일이 벌어지고 있다고 느낀다면, 잠시 주위를 돌아보며 이렇게 생각해보라.

"지금 내게 실제로 좋지 않은 일이 벌어지고 있는 중인가, 아니면 단지 머릿속에 머무는 불길한 예감 때문에 단순히 겁을 먹은 것뿐인가?"

이런 점검을 통해 알 수 있는 사실은, 현실을 압도하는 두려움이 사실은 실체가 없는 경우가 많다는 것이다. 우리는 무슨 일이 벌어지기도 전에 덜컥 겁부터 먹는 바람에 적을 물리치는

데 필요한 에너지를 잃어버릴 때가 많다.

그래선 안 된다. 현재에 더욱 충실하면서 내 안에 있는 진정한 자아와 연결되도록 노력하자. 마음속의 막연한 두려움에 사로잡히지 말고 현재에 더욱 충실하겠다는 결심을 확고하게 하면 맞닥뜨리게 될 상황이 무엇이든 충분히 대비할 수 있다.

3. 세상이 쏟아내는 불필요한 정보를 무시하라

평소에 어떤 TV 프로그램을 즐겨 시청하는가? 주로 어떤 장르의 책을 읽는가? 신문에서 어느 분야의 기사를 제일 먼저 읽는가? 어떤 장르의 영화를 좋아하는가? 의견을 구할 때는 주로 누구를 찾는가? 인터넷에서 제일 많이 찾아보는 정보는 어느 분야인가?

여기서 생각할 것은, 그렇게 해서 내 머릿속으로 유입된 정보 중에 열흘 이상 뇌리에 남는 내용이 얼마나 되는지이다. 열흘은 커녕 이튿날이면 까맣게 잊어버리는 내용이 태반일 것이다. 내 말은, 세상이 쏟아내는 불필요한 정보들에 발목 잡히는 일이 없도록 하라는 것이다.

인터넷이 세상을 압도하는 상황이 벌어지면서 나를 둘러싼 세상은 온통 몰라도 되는, 또는 알면 알수록 해악이 되는 쓰레기 같은 정보들로 가득해졌다. 어떤 사회학자는 인터넷에 떠도는 정보들의 99퍼센트가 현대인의 삶에 전혀 도움이 안 된다고 지적했다.

이제 백해무익한 정보들과 단절하라. 세상과 소통하는 주파수를 품위 있게 유지하면서, 활력과 기쁨이 넘치는 기분으로 살아야 성공과 행복의 날이 한 걸음 빨리 찾아온다는 사실을 잊지 마라.

4. 숙면을 취할 수 있는 방법을 찾아라

어떤 문제로 고민하고 있을 때 문득 새벽 3시쯤 눈을 뜨고 자기 마음속을 가만히 들여다보니, 마음이 서서히 거대한 확대경으로 변하면서 동시에 두려움이 두 배의 크기로 커지는 듯한 경험을 할 때가 있다.

이런 때는 괜한 문젯거리들에 골몰하느라 시간낭비 하지 말자. 아무리 커 보였던 문제도 아침에 일어나 보니 지난밤에 생각했던 것만큼 심각하게 느껴지지 않는 경우가 대부분이다.

그럴 때는 심호흡을 크게 하면서 머릿속을 떠도는 고민이 무엇이건 아침에 생각하기로 다짐하고, 숙면을 취하는 데 도움이 되는 방법들을 다각도로 동원해보자. 밤새 잠을 못 이루고 뒤척이는 것보다 더 나쁜 것은 다음 날 진이 다 빠져서 어떤 일에도 제대로 대처하지 못하는 것이다.

살다 보면 '될 대로 되라. 그래도 난 해볼 거야!' 하고 결심했을 때
신념이 두려움을 간단히 무너뜨리는 놀라운 순간이 찾아온다.
그러면 그때부터는 여태까지 해낼 수 없다고 믿어온 일들을 해내면서
자신이 생생히 살아 있음을 느끼게 된다.
두려움을 정면으로 마주하라는 이유가 여기에 있다.

CHAPTER 18

나 자신에게
친절하라

인생의 진정한 목적은
맹목적인 행복에 있는 게 아니라
더 가치 있는 사람이 되는 것,
최선을 다하는 사람이 되는 것,
쓸모 있는 사람이 되는 것,
그래서 누구보다 남다른 사람이 되는 것이다.

_레오 로스텐 Leo Rosten

아버지와
늙은 고양이

내게는 올해로 스물두 살이 되는 고양이가 있고, 얼마 전에 90세 생일 축하파티의 주인공이었던 아버지도 있다. 고양이의 나이가 많아서 얼마 뒤에 죽을지도 모른다는 사실을 깨달은 것은 1년 전쯤이었다.

나의 나이 든 고양이는 하룻밤 사이에 온몸의 체지방이 모두 하복부 쪽으로 몰려 그걸 젖가슴처럼 흔들고 다니는 바람에 척추가 막대기처럼 삐죽하게 삐져나와 있었다. 그때부터 나는 언제 죽을지 모르는 고양이를 위해 끼니때마다 밥그릇에 근사한 먹거리를 제공했고, 집을 나설 때마다 눈물 어린 작별 인사를 나누곤 했다.

아버지의 경우도 마찬가지였다. 아직은 인지 능력이 온전해서 치매 증상이 나타나지 않았지만, 5년 전 받은 암수술의 후유증으로 체력이 예전보다 형편없이 떨어졌다는 게 마음에 걸렸다.

언젠가부터 나에겐 전에 없던 습관이 생겼다. 노인들이 등장하는 TV 프로그램을 보다가 아버지를 걱정하는 일이 많아졌고 전화통화 횟수가 늘었으며, 아버지를 뵙기 위해 뉴욕행 비행기에 오르는 일이 잦아졌다.

그뿐인가. 아버지가 던지는 모든 말에 웃거나 한숨을 쉬거나 눈물을 글썽거리는 반응을 보이며 그 말에 무슨 의미가 담겼는지 탐색하는 버릇도 생겼다.

연령으로만 보면 아버지나 고양이나 아주 많이 노쇠해진 게 분명하지만, 그래도 둘 다 여전히 건강하다고 말할 수 있어서 기쁘다. 아버지는 일주일에 두 번씩 마을 한 바퀴를 돌며 15킬로미터에 달하는 거리를 걷고, 전화기 너머로 들리는 내 목소리를 여전히 잘 알아들으신다. 그런가 하면 고양이는 깡통 따는 소리만 들려도 재빨리 달려올 정도로 기력이 온전하다.

이들은 중요한 깨달음을 나에게 준다. 사랑하는 대상이나 사물과 관련해서, 아직 기회가 있을 때 그들을 온 마음으로 가득히 빨아들이는 일보다 중요한 일은 없다는 깨달음이다.

당신이 이런 사실을 인정한다면, 바쁜 일이 끝나기를 기다리지 말고, 그리고 돈을 더 벌거나 마음의 준비가 될 때까지 기다리지 말고 지금 당장 시작해야 한다.

사랑하는 사람이 있다면 최대한 자주 만나라. 만날 때마다 그것이 마치 마지막 만남인 것처럼 행동하라. 서로 다른 부분이 있더라도 어떻게든 이해하고 극복하라. 바보처럼 사소한 부분에 얽매여 당신의 마음속에 커다란 지분을 차지하고 있는 사람들과 함께 즐길 수 있는 시간을 놓치지 마라.

그리고 무엇보다 중요한 일이 있다. 자기 자신을 가장 친한 친구처럼 대하면서 좀 더 친절하게 대하라는 것이다. 자신이라는 존재를 세상에서 가장 아름다운 인물로 기억하고, 지금 나와 함께 여기 있다는 사실을 축하하라.

좀 더 강해져라. 다른 사람들이 당신을 망가뜨리고, 당신의 꿈을 엉망진창으로 만들도록 내버려둬서는 절대 안 된다. 당신의 인생은 현재진행형이다. 어떤 방해꾼도 끼어들지 못하게 하라.

인생의 몰락이
시작되는 시점

나는 독일문학의 거장으로 1946년에 노벨문학상을 받은 헤르만 헤세Hermann Hesse를 좋아한다. 《데미안》을 비롯한 수많은 작품에서 인간의 내면과 자아에 대해 탐구했던 그는 마음에 새길 명언들을 많이 남겼는데, 나는 특히 다음의 문장을 좋아한다.

"큰일에는 진지하게 대하지만, 작은 일에는 손을 빼버리며 소홀해도 된다고 생각하는 것에서 한 사람의 몰락이 시작된다. 모든 인간은 존경받아야 마땅하다고 말하면서도 자기 집의 하

　　　　　　　　사는 게 귀찮다고 죽을 수는 없잖아요?

인을 업신여긴다거나 조국, 종교, 사회를 신성한 것으로 여기면 서도 일상의 평범한 일을 소홀히 다룬다면 인생의 붕괴는 시작 된다."

나는 헤세의 말을 이렇게 바꿔서 말하고 싶다.

"다른 사람들에게는 간이라도 빼줄 듯이 친절하면서도 막상 자기 자신은 홀대하며 하찮은 존재로 취급하는 태도에서 한 사 람의 몰락은 시작된다. 자신의 삶과 관련된 모든 일이라면, 아 무리 사소하더라도 진지하게 대하지 않는다면, 그의 삶의 붕괴 는 이미 시작되었다고 말해도 될 것이다."

자기 자신을 세상에서 가장 아름다운 사람으로 기억하며 격 려하고 응원하면 인생은 성공과 행복이라는 상승곡선으로 응 답한다는 사실을 잊지 말자.

자기 자신을 가장 친한 친구처럼 대하면서 최대한 친절하게 대하라.
자신이라는 존재를 세상에서 가장 아름다운 인물로 기억하고,
지금 나와 함께 여기 있다는 사실을 축하하라.
자기 자신을 홀대하며 함부로 대하는 습관이
인생을 몰락에 이르게 하는 지름길임을 잊지 마라.

PART 5

나는 무엇을 해야 할지
알고 있다

CHAPTER 19

또 너냐?
그래, 내가 졌다!

우리가 무엇을 하겠다고 결심하기 전까지는
주저하거나 물러날 가능성이 크지만,
나의 가능성을 믿고 확실하게 결단을 내리는 순간
신의 섭리도 함께 움직인다.

_윌리엄 H. 머리 William H. Murray

헨리 포드의
무모한 도전

'자동차 왕'이라 불리는 헨리 포드Henry Ford가 어느 날 엔지니어들을 전부 불러다 놓고 이렇게 말했다.

"나는 다음에 나올 신차에 V-8엔진을 장착하려고 하네. 여덟 개의 실린더가 하나의 블록 안에 들어가는 엔진이어야 하네."

나는 이 말이 무슨 뜻인지 잘 몰랐지만, 엔지니어들이 '뭐라고요? 미쳤군요!'라는 반응을 보인 걸 보면 굉장히 무리한 요구였던 게 분명하다.

포드는 벌어진 입을 다물지 못하는 엔지니어들에게 어떻게든 8기통 엔진을 만들어내라고 지시했고, 그들은 상관의 일방적인 명령에 연신 투덜거리면서도 각자의 일터로 돌아가 그 일에 매달렸다.

하지만 당시의 기술력으로는 애초부터 가능성이 전혀 없는 일이라 엔지니어들은 끝내 실패하고 말았다는 보고서를 제출할 수밖에 없었다. 이에 포드는 아무리 시간이 걸려도 좋으니 더 노력해보라고 말하며 이렇게 덧붙였다.

"내가 원하는 걸 가져올 때까지, 자네들의 얼굴을 보고 싶지 않네!"

이에 엔지니어들은 이구동성으로 이렇게 소리쳤다.

"우리는 그동안 연구하면서 그 일이 불가능하다는 사실을 증명해냈습니다!"

하지만 포드는 충분히 할 수 있고, 기어이 하게 될 것이라고 대꾸하며 미동도 하지 않았다. 결국 엔지니어들은 그때부터 다시 1년을 통째로 쏟아부었지만 여전히 아무런 성과도 거두지 못했다.

그래서 그들은 다시 사장실로 달려가 머리카락을 쥐어뜯으며 반발했지만, 포드는 요지부동이었다. 어쩔 수 없이 엔지니어들은 다시 연구실로 돌아가 고집쟁이 사장을 욕하며 8기통 엔진을 만들기 위해 발버둥 쳤고, 다시 몇 년의 시간을 보내는 악전고투 끝에 마침내 그 일을 해냈다.

우리는 흔들림 없이 자신의 신념을 밀어붙인 포드의 결단에서 진정한 성공자의 얼굴을 발견할 수 있다. 이런 일은 의지가 약하고 자신에 대한 믿음이 없는 사람에게는 불가능하다. 그런 사람들은 일이 좀 힘들어지거나, 비용이 많이 들거나, 남의 눈에 바보처럼 보이게 될 위험이 있는 일은 시작도 하기 전에 포기한다.

포드는 자존심이 강하고 최고로 똑똑한 엔지니어들에게 이래라저래라 지시를 내리고는 그들이 불가능하다고 말하는 일

사는 게 귀찮다고 죽을 수는 없잖아요?

에 엄청난 돈과 시간을 퍼붓는 바보 같은 짓을 6년 동안이나 계속했고 결국 성과를 거두지 못했다.

그럼에도 포드는 단호하게 결단을 내릴 때 자신의 직감과 비전을 믿었다. 그는 원하는 형태의 엔진을 손에 넣겠다고 결심했고, 무엇도 그의 결심을 막을 수 없었다.

헨리 포드는 이렇게 생각했을 것이다. 수많은 비용과 시간과 땀과 눈물을 바쳐도 목표를 달성하지 못한다면, 그걸로 불가능하다는 사실을 알게 된 거니 그 자체로 소중하다고 말이다. 이것은 시도하지 않으면서 불가능하다고 말하는 태도와는 전혀 다르다.

목표를 이루겠다는 결단이 단단히 뿌리를 내리고 있으면 어떤 시련이 있어도 노력하게 된다. 반면에 그냥 원하기만 할 뿐 굳게 결심하지 않으면 자신의 인생은 지금 이대로도 괜찮다고 스스로를 설득하게 된다. 그래서 눈에 보이지 않는 것들에 흔들리지 않는 믿음을 갖는 것이 중요하다. 윈스턴 처칠Winston Churchill은 이렇게 말했다.

"진정한 성공이란 계속되는 실패 속에서도 열정을 잃지 않아야 가능하다."

헨리 포드가 방에 한가득 모여 불평불만을 늘어놓는 엔지니어들에게 8기통 엔진을 만들라고 줄기차게 요구할 때, 사실

그는 자동차 제국을 건설하려는 야망에 실패해서 파산 직전이었다.

그때 이미 자신이 막대한 규모로 실패할 수 있다는 증거를 충분히 갖고 있었음에도 불구하고, 그리고 그가 당연히 실패자가 될 것을 나타내는 주변의 모든 증거들에도 불구하고, 정작 그는 자신의 비전에 대한 믿음이 너무도 강했기 때문에 주장을 계속 고수했다.

그 결과 헨리 포드는 역사상 가장 큰 성공을 거둔 기업가가 될 수 있었다. 일시적인 실패는 누구나 겪는다. 그리고 우리가 아는 모든 성공자들에게는 하나같이 무수한 실패 경험이 있다.

- 마이클 조던은 다른 팀원보다 실력이 부족해서 고등학교 농구팀에서 쫓겨난 적이 있다.
- 고등학교를 중퇴한 스티븐 스필버그는 영화학교에 들어가려고 했지만 능력을 의심받아 세 번이나 거절당했다.
- 선생님한테 너무 멍청해서 아무것도 배울 수 없을 거라는 말을 들었던 토머스 에디슨은 전구를 발명하기까지 9,000번이 넘는 실험을 거듭했다.
- 혼다자동차를 설립한 혼다 소이치로는 젊은 시절에 도요타자동차 엔지니어에 지원했다가 거절당하고 자기가 직접 회사를

사는 게 귀찮다고 죽을 수는 없잖아요?

차렸다.

- 베토벤을 가르친 음악교사는 그의 작곡 능력이 절망적인 수준일 정도로 형편없다고 혹평했다.

성공에 중요한 비밀 같은 것은 없다. 뭔가를 간절히 원하고, 그것을 손에 넣겠다고 결심하고, 직접적인 행동으로 도전하는 것에서 성공은 시작된다.

우리는 누구나 이미 그렇게 해본 적이 있다. 체중을 줄이고, 일자리를 얻고, 집을 사고, 나쁜 습관을 버리고, 몸매를 가꾸고, 누군가에게 나가달라고 요구하고, 촌스러운 헤어스타일에서 벗어나기 위해 돈을 썼다. 이제 자신의 손이 미치지 않는 영역이라고 생각하는 부분을 포함해서, 삶의 모든 부분에서 그렇게 할 수 있다는 사실을 인정하자.

세상에는 당신이 꿈꾸는 인생을 살고 있는 사람들이 많이 있다. 그들은 대부분 당신보다 엄청나게 멋있지도 않고 능력이 뛰어나지도 않다. 그런데도 그들이 저만치 앞서 나가는 이유는 무엇일까?

그들의 성공의 문을 연 열쇠는 목표를 향해 달려나가겠다는 단호한 결심과 고리타분한 핑계에 귀를 기울이지 않는 태도, 좋지 않은 습관을 바꾸는 것, 그리고 진로를 가로막는 것들을 물리치는 당당함이다. 당신도 그렇게 할 수 있다.

1. 넘치도록 열망을 품어라

당신의 결심 뒤에는 산더미같이 거대한 욕망이 버티고 있어야 한다. 그렇지 않으면 상황이 어려워지자마자 겁을 먹고 당장 그만두게 될지도 모른다.

이것은 담배를 끊고 싶지도 않으면서 금연을 위해 최면요법을 받는 사람들과 같고, 고개를 숙였을 때 자신의 배 너머 발을 볼 수 있는 상태가 되는 것보다 피자에 더 열광하는 사람들이 체중을 줄이려고 노력하는 것과 같다. 그런 마음가짐으로는 무엇에도 성공할 수 없다는 이야기다.

나는 몇 달 전에 정말 하고 싶지 않은데도 무거운 엉덩이를 질질 끌고 일주일 동안 요가 강습을 받으러 다닌 적이 있다. 꽤 큰돈을 수강료로 내고 첫날 매트 위에 앉았는데, 강사가 몸에 부상을 입은 사람은 손을 들라고 했다.

그 말이 떨어지기가 무섭게 내 손이 번쩍 올라갔고, 바로 그 순간 자신도 모르게 그런 행동을 한 나에게 깜짝 놀랐다. 그리고 얼마 전에 팔꿈치가 부러져서 깁스를 했다가 막 제거한 상태라서 조심해야 한다고 설명하는 내 목소리를 들었다. 나는 할 일이 아주 많은데도 건강 때문에 기껏 수강료를 내고 요가 수

업에 참여해놓고선 이제 와서 어떻게든 수업에서 빠지려고 거짓말을 한 것이다.

깁스를 했던 건 사실이지만, 제거한 지 벌써 8개월이나 지난 상태였다. 나는 요가 수업을 받는 내내 매트에 다소곳이 앉아 꾸벅꾸벅 졸거나 건성으로 기초 요가 자세를 취하면서, 혹시라도 강사가 날 쳐다볼 때를 대비해 통증 때문에 움찔거리는 표정을 지었다. 얼마나 웃기는 짓인가?

목표 달성을 가로막는 장애물을 통과할 때는 그냥 단순히 원한다는 마음만으로는 부족하다. 열망하는 마음을 넘치도록 가득 품고 끈질기게 물고 늘어져라. 그저 의무적으로 하는 게 아니라 정말로 하고 싶은 일을 하고 있다는 믿음으로 단호하게 목표를 추구하라. 간절함이 크고 집요할수록 성공과의 거리는 그만큼 짧아진다.

2. 더 잘할 수 있도록 노력하라

결단을 내린다는 것은 말 그대로 '끊어내고, 잘라낸다'는 뜻이다. 그러니 여기서부터 겁을 먹는 사람들이 많아지는 것도 당연하다. 어떤 이들은 잘못된 결정을 내릴까 두려워서 다음과 같은 습관이 생기기도 한다.

- 의심과 두려움 탓에 온몸이 마비된 채 쓸데없는 말을 지껄이다가 간신히 결정을 내리고도 그것을 몇 번이고 바꾼다.
- 깊은 고민 없이 서둘러 결정을 내린다. 어찌 되었든 불편한 상황에서 빨리 벗어나 그 일에서 해방되고 싶기 때문이다.
- 하나를 선택했을 때 다른 하나를 놓치게 될까 봐 두려워서 아무것도 하지 않거나 모조리 시도하는 쪽을 택한다. 아니면 잘못된 결정을 하고 싶지 않다는 생각에 아무것도 결정하지 않는다.

우유부단은 친숙하고 안전한 것들 안에 계속 머물기를 바랄 때 가장 흔하게 선택되는 방법이다. 성공한 사람들은 다르다. 그들의 공통된 특성은 신속하게 결단을 내리고, 그 결심을 바꿀 때는 최대한 느리게 한다. 결단력을 키우기 위해 평소에 작은 일부터 연습해보라.

예를 들어, 식당에 갔을 때 메뉴판에서 20초 안에 먹고 싶은 음식을 고르는 습관을 갖자. 일단 고른 뒤에는 선택을 바꾸지 마라. 슈퍼마켓 선반에서 10초 안에 물건을 고르자. 이런 식으로 빠른 결단을 하는 습관을 들여서 한밤중에 헤드라이트 불빛 앞에서 어찌할 바를 몰라 하며 얼어붙어 있는 사슴 같은 태도에서 벗어나자.

사는 게 귀찮다고 죽을 수는 없잖아요?

결단을 내리기 전에 잠시 고민이 필요한 경우엔 스스로에게 시간을 정해주어라. 결정을 내릴 때까지 마냥 기다리기만 하면 안 된다. 결정을 내리기까지 시간이 얼마나 필요한지 살핀 다음, 정한 시간 내에 확실하게 결정을 내리도록 자신을 몰아세워라.

자신의 사전에서 '나는 모른다'는 문장을 지워버리고, 그 대신 '나는 무엇을 해야 할지 알고 있다'로 바꾸자. 빠르고 현명한 결정을 내리는 사람이 되겠다고 결심하는 순간, 당신은 반드시 그런 방향으로 나아가게 될 것이다.

3. 타협의 가능성을 제거하라

담배를 끊겠다고 결심했을 때, '잠깐! 한 개비 피운다고 해롭겠어?'라고 생각하는 것만으로도 금연은 물 건너간다. 결심은 물 샐 틈 없이 견고해야 한다. 결심에 아주 작은 균열 하나만 생겨도 눈 깜짝할 사이에 그 틈으로 핑계가 비집고 들어와 절망스러운 상황으로 내몰기 때문이다.

결단은 타협의 대상이 되어서는 안 된다. 타협의 가능성은 아예 끼어들 틈을 주지 말고 오로지 새로운 자신만 생각하라. 결심의 가장 중요한 포인트는 자신의 결단을 믿고 그대로 직진하는 것이다.

4. 집요하게 물고 늘어져라

비즈니스맨들이 즐겨 보는 잡지에 글을 기고할 때 큰 성공을 거둔 CEO들과 인터뷰를 많이 했었다. 그들에게 성공 비결이 뭐냐고 물을 때마다 자주 나온 대답은 '끈기'였다. 장애물과 평계, 두려움과 의심이 이렇게 말할 때까지 계속 도전하라.

"또 너냐? 그래, 내가 졌다! 이제 내 앞에서 꺼져버려!"

자신의 삶을 변화시키고 지금까지 살아보지 못한 새로운 인생을 살고 싶다면 자기 자신에 대한 믿음이 두려움보다 훨씬 커야 한다. 몇 번을 더 넘어지더라도 목적지에 도달할 때까지 절대 발걸음을 멈추지 말아야 한다. 독사처럼 물고 늘어지는 집요함이 성공자들의 세계로 이끈다는 사실을 잊지 마라.

성공에 중요한 비밀 같은 건 없다.
뭔가를 간절히 원하고, 그것을 손에 넣겠다고 결심하고,
직접적인 행동으로 도전하는 것에서부터 성공은 시작된다.
이제 자신의 손이 미치지 않는 영역이라고 생각하는 부분을 포함해서
삶의 모든 부분에서 그렇게 할 수 있다는 사실을 인정하자.

CHAPTER 20

돈을 끌어당기는
사람들의
특별한 습관

하늘에 단번에 오를 수 있는 사람은 없다.
높은 곳에 오르려면 사다리부터 만들어야 한다.
그래야 낮은 곳에서 높은 하늘로 올라갈 수 있다.
어쨌든 정상을 정복하려면
한 계단씩 차근차근 올라가야 한다.

_조시아 홀랜드 Josiah Holland

큰돈을 번다는 목표를 세웠다면

몇 해 전에 로스앤젤레스에 심한 폭풍우가 몰아닥친 적이 있다. 평생에 한 번도 경험한 적이 없는 엄청난 폭풍우였다. 세찬 비가 어찌나 쉬지 않고 퍼붓던지 40일 동안 계속되었다는 노아의 홍수가 떠오를 지경이었다.

이런 폭우 속에서 꼭 지켜야 할 약속이 있어 외출해야 했는데, 문제는 자동차였다. 구입한 지 20년이 된 고물 자동차여서 지붕에서는 비가 줄줄 샜고, 뒤쪽 창문은 접착테이프로 간신히 고정해놓아서 날카로운 바람과 빗줄기가 거침없이 스며들었다. 또 앞 타이어는 사흘에 한 번씩 펑크가 났다.

오래전부터 새 자동차를 구입하려고 알아봤지만 나의 재정 형편으로는 어림도 없는 일이어서 망설이고 있었다. 그날, 폭풍우를 뚫고 힘들게 외출했다 돌아오면서 더 이상은 버틸 수 없다는 생각에 아무래도 신차를 알아봐야겠다고 결심했다.

당시 나는 막 성장시키려고 애쓰는 사업체가 하나 있었지만 아직은 시작 단계라 금전문제에 전전긍긍하는 형편이었다. 그때는 정말이지 모든 게 꽉 막혀 있었다. 비즈니스 전망은 그리 나쁘지 않은데, 원하는 만큼의 속도로 진척되지 않아 속을 끓이고 있었다.

무엇보다 고통스러운 것은, 내가 앞으로 지금보다 훨씬 더 잘할 수 있다는 걸 알고 있다는 점이었다. 나의 내 능력을 믿었고 나의 비전도 신뢰했다. 그럼에도 상황이 너무나 더디게 흘러서 저만치 앞서가는 멋진 자동차의 뒤나 쫓아갈 때는 어느 세월에 저 사람들처럼 성공해보나 하며 한숨을 뱉곤 했다.

　어느 날, 나는 은행계좌가 텅 비어 있다는 걸 알면서도 자동차 판매장을 찾아가 얼마 전 출시되었다는 신차를 시운전해본 뒤, 판매사원이 가죽이 어떻고 보험료가 어떻고 하며 떠들어대도록 내버려두었다. 그리고 결심했다. 이제부터 나는 가질 수 있는 것만 갖는 사람이 아니라 원하는 걸 스스로 만들어내는 사람이 되겠다고 말이다. 형편없는 자동차나 몰고 다니는 수준이 아니라는 걸 나 자신에게 보여주고 정말로 그렇게 되기 위해 최선을 다하는 것이 내가 선택해야 할 길임을 깨달았다. 얼마 뒤에 정말로 신차를 구입한 나는 운전대 옆에 이런 메모를 붙여놓았다.

　"가능성을 향한 생각의 수준을 높이고 결연한 태도로 그 목표를 이루겠다고 결심하면 그것을 이루는 데 필요한 수단을 손에 넣을 수 있다."

　분에 넘치는 물건을 사느라 무모하게 돈을 써버리라는 얘기가 아니다. 인생의 모든 부분에서 자신에게 가능한 것의 범위를

사는 게 귀찮다고 죽을 수는 없잖아요?

무한대로 넓히라는 말이다. 지금보다 큰물에서 놀겠다고 결심했다면 현재 가지고 있는 돈으로 비용을 지불하든가, 아니면 지금은 없는 돈이 생기게끔 노력해야 한다.

당신이 간절히 원하는 새로운 영역으로 뛰어들려면 그런 상황에 맞는 삶을 살기 시작하라고 자신에게 강하게 요구해야 한다. 현재 상태에서 가만히 주저앉아 새로운 기회가 오기를 기다리는 것으로는 절대 새로운 세상이 오지 않는다.

돈을 번다는 것은 단순히 돈과 관련된 문제로만 끝나는 게 아니다. 체중을 감량하는 것은 단순히 체중감량만의 문제가 아니며, 영혼의 짝을 찾는 것도 단순히 소울메이트를 찾는 게 전부가 아니다.

당신이 어떤 사람이 되고, 어떤 일을 이룰 수 있다고 믿는지, 그런 신념이 중요하다. 확고부동한 신념만 있다면 어찌 되었든 앞으로 진격할 힘이 생긴다. 부자가 되는 것도 마찬가지다. 진정한 부를 이루기 위해 필요한 원칙들을 알아보자.

1. 큰돈을 벌 수 있다는 믿음이 중요하다

어떤 일을 하기 위해 돈이 필요할 때, 사람들은 흔히 '난 돈이 없어, 그래서 더 벌어야 해'라고 말한다. 이런 표현은 결핍에 더 많이 집중하고 상대방으로 하여금 그 사실을 확신하게 만들기 때문에 더 많은 결핍을 불러들인다.

반대로 '이탈리아 여행을 위해 돈을 구하려고 하는데, 내가 어떻게 하는지 지켜봐!'라고 말하면, 아직 눈에 보이지 않는 것에도 믿음이 강해지고 목표를 향한 주파수도 높아진다.

돈을 끌어들이는 능력도 마찬가지다. 은행계좌에 먼지가 가득한데도 당당하게 신차를 구입한 일이 나한테 큰 효과를 미친 것도 이 때문이다. 돈이 분명하게 생길 증거가 생기기도 전에 벌써 차를 사버렸기 때문에 나는 두려움에 정면으로 맞설 수밖에 없었고, 다가올 미래로부터 도망치지 않고 정면승부를 걸었던 것이다.

지금 이 순간 당신의 삶이 어떤 모습이든 언젠가는 풍요를 누릴 수 있다고 믿어라. 이루고자 마음먹은 것은 뭐든 될 수 있고, 할 수 있고, 가질 수 있다고 믿어 의심치 않는 확고한 신념이 필요하다.

2. 돈을 바라보는 시선을 분명히 하라

큰돈을 벌고 싶다면 '나는 돈을 좋아한다. 큰돈을 벌고 싶다'라는 목표가 마음속에 확실하게 자리 잡아야 한다. 이 말을 항상 마음속에 되새기고, 소리 내어 말하고, 종이에 적어서 계속 읽고, 집안 곳곳에 붙여두는 등 언제든지 상기할 수 있게 하라.

다시 말해, 돈을 벌겠다는 의식을 머릿속에 깊이 박아 넣으라는 것이다.

그런 다음 돈이 내게 들어왔다는 사실에 감사하는 마음이 가득 차오르는 걸 상상하라. 내가 진실로 돈을 원하고 있고, 그럴 자격이 있다는 걸 인정한 다음 나 자신뿐만 아니라 사랑하는 사람들, 꼭 이루고 싶은 목표를 위해 아낌없이 돈을 쓰는 모습을 상상하라.

돈을 많이 벌려면 돈과의 어그러진 관계부터 바로잡아야 한다. 돈에 관한 긍정적인 생각으로 마음을 가득 채워라. 이런 생각이 담긴 긍정의 말들을 반복하면서 몸속 깊이 새겨 넣어라. 항상 자신이 돈을 얼마나, 얼마나, 얼마나 많이 사랑하는지 계속해서 생각하라.

3. 분명한 목표를 세워라

우리에겐 항상 돈이 필요하다. 의식주를 해결해야 하고 인간다운 삶을 유지하는 데 필요한 물품을 구하려면 돈이 있어야 한다. 하지만 일단 기본적인 생존 문제가 해결되면 상황은 조금 달라진다.

그때부터는 우리에게 얼마나 많은 돈이 필요한지 물어야 하는 영역으로 접어들게 된다. 만약 돈이 많다는 사실에 죄책감이

나 두려움을 느끼고 다른 사람들이 자기를 어떻게 생각할지 걱정한다면 그때부터는 지옥 같은 상황이 펼쳐지게 된다.

생존을 위한 최소한의 비용에 만족한다면 지금 가진 것 말고는 더 큰돈이 필요하지 않겠지만 자신을 최고로 완벽하게 표현할 수 있을 정도로 살아가려면 더 많은 돈이 필요하다.

그것이 바로 당신이 이 책을 찾은 이유일 것이다. 당신은 지금 단순히 생존만을 원하는 게 아니라 삶의 모든 영역에서 더 큰 성공을 거두고 싶어 한다. 우리에게 부유하다는 뜻은, 자신이 필요로 하는 것과 원하는 것을 모두 제공받을 수 있고 자기가 받은 것들을 담대하게 세상과 공유할 수 있는 자원을 가지고 있다는 걸 의미한다.

당신이 의류회사를 설립한다고 치자. 제일 먼저 의상 디자인을 할 공간을 마련해야 한다. 그다음에 자재 구입, 제작, 운송, 급여 지급, 마케팅을 위한 비용 등 회사 운영에 필요한 돈을 마련해야 한다.

여기다 당신이 최선을 다해 일하면서 고객에게 최고로 멋진 상품을 선보이려면, 물질적인 자원만큼이나 중요한 것이 당신의 건강과 행복, 그리고 좋은 기분이다.

마음에 드는 곳에서 살아야 하고 최적의 공간에서 일해야 하며, 혼자서 너무 많은 일을 하지 않도록 도움을 줄 직원들을 채

용해야 한다. 그뿐인가. 여행을 가거나 친구들에게 저녁을 사거나 헬스클럽에 다니는 등 자신을 행복하게 하는 일도 병행해야 한다.

여기서 한 걸음 더 나아가서, 아프리카에 우물을 파는 사업을 돕기 위해 수입의 10퍼센트를 기부하고 싶을 수도 있고 직접 자선활동에 참여하기 위해, 대신 일을 해줄 직원을 더 채용할 수도 있다.

자신을 가장 행복하고 훌륭한 사람으로 만들어줄 방법을 찾는 것은 절대 탐욕이 아니다. 자신은 그런 삶을 누릴 자격이 없다며 세상 밖을 떠도는 행동은 바보들이나 하는 짓이다.

항상 최고의 모습으로 살고, 주위 사람들에게도 최선을 요구하라. 최고의 것을 기대하고, 그 일에 최고의 노력을 해서 모든 사람이 당신이 주는 최고의 것을 받을 수 있게 하라. 돈을 대하는 이러한 신념으로 살아가는 사람만이 부자가 될 수 있다.

그러니 큰돈을 벌고 싶다면, 제일 먼저 어떤 삶이 자기를 정말로 행복하게 해줄지 분명히 알아야 한다. 과연 어떻게 사는 것이 하고 싶은 일과 살고 싶은 삶을 뒷받침해줄까?

사랑하는 사람들에게 둘러싸인 천막집에서 소뼈를 깎아 만든 작은 장신구를 팔아 먹을거리를 구하고 그럭저럭 살아갈 정도의 돈을 벌어서 소박하게 사는 게 행복하다고 믿는다면, 그것도 괜찮은 방법이다. 하지만 자신이 돈을 원하는 것에 죄책감을 느끼거나 가식적인 삶이라고 여겨서 지금 가진 것 이상의 돈을 원치 않는 척한다면 그것은 완전히 다른 문제다.

자신이 원하는 진짜 성공을 이루기 위해 필요한 것들이 무엇인지 분명하게 파악한 다음, 미래를 위해 필요한 돈을 구하겠다는 변함없는 투지를 가지고 삶에 과감하게 뛰어들어야 한다.

4. 돈의 흐름에 사이클을 맞춰라

사실 돈 자체는 아무 의미가 없다. 탁자에 놓인 100달러짜리 지폐는 그냥 종잇조각에 불과할 뿐이고, 이것을 중요하게 만드는 것은 그것을 둘러싼 에너지다.

그 돈은 누군가에게 받은 생일카드에 함께 들어 있을 수도 있고, 친구가 보지 않을 때 슬쩍 훔친 돈일 수도 있으며, 어떤 일을 해서 어렵게 번 돈일 수도 있다. 각각의 상황마다 돈을 둘러싸고 있는 에너지는 전부 다르다는 뜻이다.

모든 것의 가치는 우리가 의미를 부여하는 것에 따라 달라진다. 어떤 사람은 동네 허름한 가게에서 티셔츠를 10달러에 파는데 다른 어떤 사람은 똑같은 티셔츠를 근사하게 꾸민 매장에서 100달러에 팔 수도 있다.

이렇게 말할 수 있다. 자신의 노동가치가 시간당 10달러라고 믿는다면 그에 해당하는 주파수를 발산하고, 그 정도 수준의 고객이나 일거리를 끌어들이게 된다. 그러나 만약 자신의 노동 가치가 시간에 1,000달러의 가치라고 믿으면 그에 맞는 주파수를 발산하면서 그에 해당하는 수준의 고객이나 고용 기회를 유치하게 된다.

핵심은 믿음이다. 조바심을 내며 본인이 생각하는 자기의 가치보다 훨씬 큰돈을 청구하고는 그 돈을 받을 수 있으리라 기대하는 것은 바보 같은 짓이다. 또한 자기의 가치보다 낮은 돈을 청구하면서 앞으로 번창하게 되리라고 기대하는 것도 멍청한 짓이다.

부를 얻으려면 원하는 돈만큼의 에너지를 발산해야 한다. 세 사람이 생계수단으로 모두 헬스코치라는 직업을 택했다고 가정해보자. A는 1년에 5만 달러, B는 10만 달러, C는 100만 달러를 번다.

그렇다면 100만 달러를 버는 사람이 5만 달러를 버는 사람보다 훨씬 뛰어날까? 다시 말해서 사람들에게 건강 비결을 가르치는 실력이 5만 달러를 버는 사람에 비해 95만 달러어치만큼 더 뛰어날까? 어쩌면 그가 더 노련하거나 경험이 많을 수도 있지만, 결국 기본적인 원인은 자신의 가치를 어떻게 판단하느냐에 달려 있다. 그는 100만 달러짜리 주파수를 발산하면서 받아내야 할 금액을 거기에 맞게 청구했고, 그만큼 더 많은 돈을 벌었다.

돈은 사람들끼리 주고받는 에너지다. 당신이 특정한 주파수에서 고객에게 돈을 청구하거나 특정한 액수의 급여를 요구한다면 진작부터 그 주파수에 맞춰져 있던 고객의 마음을 끌게 된다.

그들 머리에 총을 겨누고 억지로 강요하는 게 아니다. 당신은 이런 상품과 서비스를 제공하는 유일무이한 존재도 아니다. 그들은 당신과 주파수가 다른 사람과 함께 일하거나 그런 이들을 고용할 수 있는 자유가 있지만, 굳이 당신을 찾아온 것이다.

그리고 당신은 가격을 제시하면서 당신의 주파수와 일치할 수 있는 기회도 함께 제시했다. 두려운 마음에 자신의 주파수를 낮추면 주변의 다른 사람들도 모두 평소보다 낮은 주파수로 진동하게 된다.

곤경에 처해 있는 사람들을 위해 무료, 또는 최저가로 서비스를 제공하는 것이 중요하다면 당신은 회사에 자선을 행하는 부서를 따로 만들거나 장학금 지급 계약을 체결하면 된다. 당신이 무료로 일하는 동안 수입을 유지할 수 있는 다른 방법을 찾을 수도 있다.

당신이 가장 활동적으로 일할 수 있는 분야는 무엇인가? 거

사는 게 귀찮다고 죽을 수는 없잖아요?

기서 어느 위치까지 올라가고 싶은가? 그 답을 알려면 자신이 어떤 삶을 살고 싶은지 확실히 알고, 그런 삶을 현실화하기 위해 필요한 게 무엇인지 확인한 다음, 주파수를 원하는 수입에 맞게 설정해야 한다.

현재 위치가 원하는 목표 지점과 멀리 떨어져 있다면, 자신의 가격을 높이기 위해 스스로를 채찍질하거나 돈을 더 많이 벌 수 있는 일자리를 찾아야 한다.

주변에 주파수가 높은 사람들을 두는 일도 중요하다. 그러기 위해 교육 수준과 노하우를 강화하라. 자기가 원하는 삶의 모습을 보여주는 비전 보드를 만들자. 주파수를 높이는 것은 근육을 키우는 것과 같으므로 착실히 강화해나가는 과정이 필요하다.

5. 돈에 대한 건강한 인식을 키워라

꿈꾸던 주택을 구입하거나 올림픽에 출전하겠다는 목표를 이루거나 소울메이트를 만나겠다는 꿈을 실현하려면 주파수를 높게 유지하면서 그런 가능성에 대한 믿음을 강력하게 키워야 한다. 그렇지 않으면 돈과의 관계가 형편없어지고 남들의 눈에 띄는 것조차 두려워하게 될 위험이 있다.

돈에 대해 굳건한 태도를 유지할 수 있는 방법으로 부에 대한 인식을 높여주는 책들을 많이 읽는 방법도 있다. 다양한 내용의 책을 구해 자주 반복해서 읽어라. 내가 만난 수많은 성공 비즈니스맨들이 공통적으로 독서 습관이 있는 것은 우연한 일이 아니다. 그들은 매일 최소 1시간 이상은 열심히 책을 읽는 독서광들이었다. 당신도 그런 습관을 키워라.

이미 돈을 많이 벌었거나 돈을 버는 일에 열심인 사람들을 주변에 두는 것도 중요하다. 그리고 돈과 관련된 긍정적인 사고방식을 강하게 유지하기 위해 벌고 싶은 액수와 그 이유를 현실적으로 파악하는 것도 잊지 마라.

돈을 많이 버는 방법은 무수히 많다. 먼저 당신이 살고 싶은 삶과 그 이유에 대해 생각하고, 그런 삶을 실현하려면 돈이 얼마나 필요한지 파악하는 것부터 시작하라.

그냥 1년에 100만 달러를 벌고 싶다고 말하는 것과 분명한 의도와 강렬한 욕구를 가지고 구체적인 목표 달성을 위해 필사적으로 행동하는 것은 완전히 다르다. 목표가 무엇이고 비용이 얼마나 들 예정이며 왜 그것을 원하고 그 일이 당신에게 어떤 의미를 가져다줄지 구체적으로 적어야 한다.

이런 문제에 온힘을 쏟으며, 아주 작은 부분도 양보할 수 없을 정도로 간절히 원해야 한다. 자기가 원하는 게 무엇인지 정하고, 그것에 들어가는 비용을 정확하게 적어놓자.

6. 항상 절박감을 유지하라

꿈을 이루기 위해서는 벼랑 끝에 매달렸다는 절박함과 어떻게든 살아야겠다는 결연한 의지를 동시에 보여야 한다. 이제부터 온몸을 행동 모드로 바꿔라. 더 이상 피해자처럼 행동하지 말고, 슈퍼히어로처럼 의연하고 담대하게 행동하라. 자신의 수준을 높이기 위해서는 기준선을 최대한 높이고, 그것을 사수하기 위해 절박하게 원하고 과감하게 행동해야 한다.

예를 들어 어떤 액수를 정한 뒤에 잔고가 결코 그 아래로 내려가지 않게 하겠다고 결심하라. 절대 타협해서는 안 된다. 통장에 항상 일정 금액 이상 넣어두고, 잔고가 그 이하로 내려가지 않도록 하겠다고 결심하면 잔고가 그 액수 아래로 떨어지려는 순간 어떻게든 수입을 올리려고 안간힘을 쓰게 된다. 그런 절박감이 악착같이 돈을 향해 달리게 하고, 번 돈을 지키게 하는 기본자세가 된다.

자기를 가장 행복하고 훌륭한 사람으로
만들어주는 것을 원하는 건 탐욕이 아니다.
항상 최고의 모습으로 살고, 주위 사람들에게도 최선을 요구하라.
최고의 것을 기대하고, 그 일에 최고의 노력을 해서
모든 사람이 당신이 주는 최고의 것을 받을 수 있게 하라.

CHAPTER 21

간절함의 차이가
특별한 결과를
낳는다

인생에게 '좋다'고 말한 뒤에,
지금까지 나에게
불리하게 작용한다고 믿었던 인생이
갑자기 나를 위해 움직이기 시작하는 광경을 보라.
이런 일은 자기 삶을 사랑하는 사람에게
흔히 일어난다.

_에크하르트 톨러 Eckhart Tolle

어제와는 다른
오늘을 원한다면

내 친구 중에 왼쪽 가슴 위쪽에 '오 마이Oh My!'라는 글을 문신으로 새긴 여성이 있다. 살면서 깨닫게 되는 중요한 일들 대부분은 소소한 일과 관련이 있는데, 앞으로 그런 깨달음의 날들이 더 많이 찾아오길 바라는 마음의 표현이라는 게 그녀의 말이었다.

당신도 내가 이 책에서 말하는 것들의 의미를 제대로 이해했을 때 '오 이런!' 하며 무릎을 쳤을지 모른다. 이렇게 우리가 이미 알고 있었던 것들을 납득하고 받아들일 때가 바로 삶을 바꿀 수 있는 가장 적절한 시점이다.

이런 때 제일 중요한 문제는 과연 당신이 정말로 실행할 것인지를 결정하는 일이다. 사람들은 뭔가를 시작하기 전까지 말만 번지르르하게 늘어놓고, 지나간 일들을 후회하고 한탄하며, 새로운 결심으로 마음을 다잡는다.

하지만 단지 그뿐, 더 이상 전진하지 않고 과거의 삶을 반복하며 시간을 보낸다. 많은 사람들이 정말로 간절하게 변화를 바라고 그것을 위해 기꺼이 돈과 시간을 투자하지만, 그 일을 실제로 실행에 옮겨서 삶에 변화를 일으켜야 하는 불편함은 바라지 않는다. 이는 우리가 생각과는 다르게 아주 간절하게 변화를 원하지 않는다는 얘기다.

성공한 사람들은 변화에 대한 두려움이나 불편을 기꺼이 감수할 뿐만 아니라 그런 태도를 습관으로 만들어야 한다는 사실을 잘 알고 있다. 그들은 제자리에 안주하지 않고 항상 새로운 도전을 찾아서 끊임없이 움직인다.

결단력 있는 행동을 위한 근육도 자주 사용하지 않으면 약해진다는 점에서 신체의 근육들과 마찬가지다. 중요한 돌파구를 찾아낸 뒤에 '마침내 찾았다, 이제 됐다!'고 생각하고는 그때부터 편안히 앉아서 기적이 제 발로 찾아오기를 기다린다면 근육의 양이 급속히 줄어들어 운동하기 전처럼 흐물흐물한 상태로 되돌아갈 것이다.

계속 움직이고, 계속 성장을 향해 달려가고, 계속 장애물을 헤쳐 나가고, 계속 진화하자. 하나의 레벨을 돌파해서 다음 레벨에 도달했으면 이제 어제와는 완전히 다른 발걸음을 내디뎌라. 스스로 원한다고 말하는 새로운 인생을 진정으로 일구고 싶다면 다음과 같이 적극적으로 필요한 행동을 해야 한다.

결단력을 기르는 것도 마치 근육을 기르는 것처럼 꾸준한 연습이 필요하다.

1. 나쁜 습관을 버려라

실패한 사람들의 공통점은 형편없는 습관이 몸에 배어 있다는 점이다. 습관이란 우리가 생각 없이 자동적으로 행하는 일들이므로 우리가 어떤 사람인지를 규정하는 신호다.

탁월한 시간관리, 정확하고 빠른 의사결정, 올바른 생각, 규율이 있는 건강관리, 훌륭한 대인관계, 정확하고 빠른 업무처리 등 성공한 사람들의 습관을 내 것으로 하자. 어떤 행동이 생활에 가장 긍정적인 변화를 가져올지 생각해보고 습관으로 만들자.

좋은 습관을 들이려면 아침에 침대에서 일어나는 것에 아무의심이 없듯이 자기 자신과 타협하지 않고 아무 생각 없이도 행할 수 있는 수준으로 만들어야 한다.

혼자서 몇 번이나 바꾸려고 노력했지만 번번이 실패한 일이 있다면 주변의 도움을 받도록 하자. 일주일에 5일씩 헬스클럽에 가겠다는 목표를 지키지 못했을 때는 친구에게 붉은 스프레이 페인트로 대문 앞에 '나는 게으른 뚱보입니다'라고 커다랗게 써달라고 하자. 하고자 하는 일이 무엇이든 진정으로 성공하고 싶다면 좋은 습관을 기르는 일이 먼저라는 사실을 기억하라.

2. 더 깊고 느리게 호흡하라

하루 종일 숨 가쁘게 달려야 하는 현대인들의 심장과 폐의 건강은 우리가 생각하는 것보다 훨씬 나쁘다. 가장 간단한 치유법은 더 깊고 더 느리게 호흡하는 것이다.

호흡 관리를 통해 감각을 통제하고 에너지를 조절할 수 있다면 행하지 않을 이유가 없다. 교통체증에 갇혀 있을 때, 상사에게 야단을 맞았을 때, 파티에서 어색한 기분이 들 때, 이웃사람과 사소한 문제로 다투었을 때, 잠깐이라도 심호흡을 하면서 현재에 집중하면 들끓던 마음이 차분히 가라앉는 것을 느끼게 된다.

하루 종일 이런 식의 깊고 느리게 호흡하는 습관을 유지하면 자신의 삶 속에서 정신적으로나 육체적으로나 긍정적인 변화가 일어나는 것을 자주 확인하게 될 것이다.

3. 상위 1퍼센트들과 어울려라

함께 어울리다 보면 묘하게 열등감을 느끼게 하는 상위 1퍼센트 사람들이 있다. 이제부터 그런 사람들을 자주 만나라. 주위에 있는 사람들은 세상을 바라보는 나의 방식이나 나 자신에 대한 기준을 얼마나 높이 세우는가에 큰 영향을 미치기 때문에 나보다 월등한 사람들과 어울리라는 충고는 아무리 강조해도 모자라다.

자신이 얼마나 피곤하고, 경제 문제를 비롯한 모든 상황이 얼마나 심각한지 아느냐며 징징대는 사람들과 어울리다 보면 자기도 모르게 부정적인 언행이 몸에 달라붙게 되어 앞날은 보나 마나다.

아침에 일어나는 것만으로도 영웅이 된 듯한 기분을 느끼고, 자신이 결정한 목표에 따라 살고, 문제가 생기면 당장 비키라고 소리치고, 눈부시게 멋진 사람들과 만나고, 자기가 벌고자 목표하는 돈을 벌기 위해 노력하는 사람들과 함께하면 자신에게 무엇이 가능한지 알게 되고, 그런 모습을 따라야겠다고 생각하게 된다.

그러니 이런 사람들이 있는 곳에 가라. 그들의 말과 행동을 눈여겨본 다음 그대로 따라하라. 그들이 자기 시간을 얼마나 소중하게 사용하며 목표를 향해 도전할 때는 어떤 각오와 신념으로 임하는지 눈여겨봐라. 아무것도 없는데도 있는 것처럼 가식적으로 살라는 얘기가 아니다. 상위 1퍼센트들의 사고와 행동에서 배워 내 것으로 하다 보면 그들이 얼마나 자기 삶에 치열한지 알게 된다.

4. 정직한 목표를 세워라

집 근처에 있는 피자가게까지 걸어가는 것만으로도 하루치

사는 게 귀찮다고 죽을 수는 없잖아요?

운동을 다했다고 믿는 상황에서 하루에 15킬로미터를 달리겠다고 결심해서는 안 된다. 하루에 1킬로미터씩 달리는 것으로 시작해서 체력이 좋아지면 조금씩 거리를 늘려가자.

처음부터 감당할 수 있는 것 이상으로 목표를 세우면 금세 좌절해서 포기할 가능성이 매우 높다. 처음에는 자신의 안전지대에서 약간 벗어난 정도의 정직한 목표를 세우고, 거기에서부터 서서히 쌓아올려야 한다.

5. 선언문을 만들어서 매일 크게 읽어라

현재 시점에서 자신의 목표와 이상적인 삶의 비전을 구체적으로 적어라. 지금 사는 곳, 함께 사는 사람, 취미 삼아 하는 일, 주위 사람들, 현재 수입, 수입을 얻는 방법, 세상과 소통하는 방식, 입고 다니는 옷 등 생각나는 것들을 전부 적어라.

몇 문장마다 멈춰서 눈물을 흘리며 울부짖다가 한동안 심란한 마음을 진정시키지 않고는 도저히 다시 읽을 수 없을 정도로 솔직하고 감동적인 문장이어야 한다.

그리고 매일 잠자리에 들기 전과 아침에 일어났을 때 자기에게 이 글을 읽어주자. 농담이 아니다. 이 글을 하루에 한 번씩 큰소리로 읽어주면서 자기 자신에게 채찍을 휘둘러야 한다.

언제 어디서나 자기 삶을 어떻게 변화시키고, 어떤 사람으로 변화할 것인지를 생각하면서 스스로가 최대한 자주 아찔한 기대감에 사로잡힐 수 있어야 한다. 앞으로 되고자 하는 자신의 모습에 초점을 맞출수록 그와 관련된 감정들을 더 많이 느끼게 되기 때문에 더 빨리 목표에 다다를 수 있다.

6. 몸으로 먼저 참여하라

마음은 몸이 가는 곳으로 따라간다. 기분이 우울할 때는 상쾌하게 일어나서 언젠가 당당하게 섰던 순간을 기억하면 자동으로 기분이 좋아진다.

앞으로 마음을 가다듬겠다고 진지하게 고민하면서도 몸은 게으른 젖소처럼 움직이는 습관을 그만둬라. 혈액순환이 잘 되게 하고, 영양분이 듬뿍 함유된 음식을 먹고, 여유롭게 심호흡하자. 하루에 적어도 5킬로미터 이상은 걷고, 즐거운 노래를 부르며, 마음과 몸이 자신의 성공 행진에 참여하도록 끊임없이 독려하자.

7. 스스로에게 응원을 보내라

나의 결의를 북돋아주는 금언이나 문학작품 속의 멋진 문장들을 모아 시간이 날 때마다 읽어라. 마음이 가라앉을 때마다 들을 수 있도록 자기 목소리로 녹음해서 들으면 더욱 효과가 크다.

사는 게 귀찮다고 죽을 수는 없잖아요?

대단하다고 생각되는 사람들의 사진을 벽에 걸어놓고, 그들과 마음의 대화를 나눠라. 때로는 혼자서 춤을 추고, 소리를 지르고, 가슴을 두드리면서 스스로에게 응원의 몸짓을 보여주어라. 그 모든 것은 자신이 고수해왔던 영역 밖으로 달려 나가게 만드는 동기를 제공할 것이다.

함께 어울리면 묘하게 열등감을 느끼게 하는 사람이 있다.
이제부터 그런 사람들을 자주 만나라.
주위 사람들이 세상을 바라보는 나의 방식이나
나 자신에 대한 기준에 큰 영향을 미치기에
나보다 월등한 사람들과 어울리라는 충고는
아무리 강조해도 모자라다.

요즘 세상에 안 되는 일이 뭐가 있겠어?

100세까지 사신 우리 외할머니는 항상 똑같은 모습을 하고 계셨다. 언제나 목 부분을 골동품 브로치로 여민 카디건을 입으셨고, 주름 가득한 얼굴에서는 분홍색 립스틱과 반짝이는 갈색 눈동자가 빛을 발했다.

웃을 때마다 하얀 이를 드러내며 '오 마이 갓!'을 연발하시곤 했던 할머니는 그렇게 오랫동안 사시면서 전화기, 자동차, 텔레비전, 비행기, 컴퓨터, 인터넷 등 문명의 발전에 기여하는 중요한 업적들이 탄생하는 모습을 모두 목격하셨다.

이 중에 할머니를 가장 놀라게 했던 사건이 있으니, 그것은 맥도널드 가게의 탄산음료 기계였다. 직원이 기계 주둥이 아래에 소형, 중형, 대형 컵을 내려놓고 버튼을 누르자 기계가 알아서 컵에 적당량의 음료수를 완벽하게 채우는 모습을 보고 할머니는 믿을 수 없다는 눈으로 자리에 못 박힌 듯 서서 바라보셨다.

"세상에나! 기계가 언제 멈춰야 하는지 어떻게 아는 거지?"

할머니는 도저히 이해할 수 없다는 표정으로 고개를 절레절레 흔드셨다. 그러다 인간이 양을 복제하는 방법을 알아냈다는 뉴스를 접한 뒤에, 할머니는 자신의 패배를 인정하고는 그 어떤 일에든 다시 의문을 품지 않으셨다.

하루는 가족들이 점심식사를 하러 45층짜리 호텔 건물의 꼭대기 층에 있는 식당으로 할머니를 모시고 갔다. 우리가 엘리베이터에 오르고 문이 닫히는 순간, 누군가 밖의 버튼을 누르는 바람에 금방 문이 다시 열리고 말았다.

이때 자신이 눈 깜짝할 사이에 45층까지 올라왔다고 착각한 할머니는 우리가 지켜보는 가운데 엘리베이터에서 내려 머리를 톡톡 두드리면서 복도 쪽으로 걸어 나가셨다. 그러면서 할머니가 말씀하셨다.

"하기야 요즘 시대에 안 되는 일이 뭐가 있겠어?"

1903년에 태어나 오늘날까지 살면서 기술적으로 가장 놀라운 것들이 차례로 탄생하는 지난 세기를 지켜본 작은 노부인처럼 당신도 모든 일이 가능하다는 믿음을 안고 자신의 꿈을 추구하라는 격려를 전하며 이제 이 책을 마무리하려 한다.

단순히 열심히, 성실하게 사는 것이 중요한 게 아니다. 무엇을 위해 성실하게 사는지, 그리고 자신의 가능성을 믿고 살아가

214

사는 게 귀찮다고 죽을 수는 없잖아요?

는 것인지가 중요하다. 다시 말해, 당신이 진정으로 하고 싶은 일이 무엇이건, 그게 가능하다고 믿어야 한다는 것이 이 책의 결론이다. 자신이 원하는 대로 살 수 있다고, 그런 삶을 내 것으로 만들 자격이 있다고 굳게 믿어라. 요즘 시대에 안 되는 일이 뭐가 있겠는가?

다른 사람들이 뭐라고 하건 자신이 진실한 모습으로 살아갈 수 있도록 독려하고, 그러기 위해 필요한 수단을 자신에게 제공하자. 스스로 잘하지 못할 거라는 두려움에, 또는 남들의 비웃음이나 비판을 받는 게 무서워서 정말로 살고 싶은 인생을 부정하며 도망치지 마라.

사람들의 얼굴에 자신이 이룬 성공의 증거들을 들이대며 '이것 봐! 내가 해내고 있잖아?' 하고 소리칠 수 있는 일을 하고 산다면, 너무도 활기찬 모습으로 돌아다닐 수 있고 눈에서는 행복으로 가득한 광선이 뿜어져 나올 것이다.

당신은 그렇게 해야 하고, 할 수 있다.

옮긴이 **박선령**

세종대학교 영어영문학과를 졸업하고 MBC방송문화원 영상번역과정을 수료했다. 현재 번역 에이전시 엔터스코리아에서 출판기획 및 전문 번역가로 활동하고 있다.

주요 역서로는 《어떻게 인생 목표를 이룰까: 와튼스쿨의 베스트 인생 만들기 프로그램》,《앤디 워홀 이야기》,《타이탄의 도구들: 1만 시간의 법칙을 깬 거인들의 61가지 전략》,《비즈니스 씽커스: 게임의 판을 바꾼 사람들, 그리고 그 결정적 순간》,《마케팅을 아는 여자: 남성호르몬이 필요 없는 마케팅 본능을 깨워라》,《똑똑한 심리학》,《위대한 작가들의 은밀한 사생활》,《끌리는 여자 는 101가지가 다르다》,《부자엄마 경제학》 등 다수가 있다.

사는 게 귀찮다고 죽을 수는 없잖아요?

초판 1쇄 인쇄일 2019년 03월 08일
초판 1쇄 발행일 2019년 03월 14일

지은이	젠 신체로		
옮긴이	박선령		
발행인	이승용		
주간	이미숙		
편집기획부	박지영 황예린	**디자인팀**	황아영 한혜주
마케팅부	송영우 김태운	**홍보마케팅팀**	조은주
경영지원팀	이루다 이소윤		

발행처 |주|홍익출판사
출판등록번호 제1-568호
출판등록 1987년 12월 1일
주소 [04043]서울 마포구 양화로 78-20(서교동 395-163)
대표전화 02-323-0421 **팩스** 02-337-0569
메일 editor@hongikbooks.com
홈페이지 www.hongikbooks.com

제작처 갑우문화사

ISBN 978-89-7065-670-0 (03180)

이 도서의 국립중앙도서관 출판예정도서목록(CIP)은
서지정보유통지원시스템 홈페이지(http://seoji.nl.go.kr)와
국가자료공동목록시스템(http://www.nl.go.kr/kolisnet)에서 이용하실 수 있습니다.
(CIP제어번호: CIP2019002530)